200
prêtes en 10 minutes

200 recettes prêtes en 10 minutes

marabout

Publié pour la première fois en Grande Bretagne
en 2013, sous le titre *200 ten-minute meals*.

Crédits photo © Octopus Publishing Group Limited/
William Shaw, sauf les photos suivantes : © Octopus
Publishing Group/Stephen Conroy pp. 9, 13,
29, 219 ; Will Heap pp. 14, 17, 87, 95, 101, 119,
169, 183 ; William Lingwood pp. 37, 43, 171 ;
David Munns pp. 151, 165 ; Lis Parsons pp. 19,
49, 111, 121, 137, 145, 161, 191 ;
William Reavell p. 133.

Traduit de l'anglais par Valentine Morizot
Mise en pages : les PAOistes
Suivi éditorial : Audrey Génin
Relecture-correction : Véronique Dussidour

Pour l'éditeur, le principe est d'utiliser des papiers
composés de fibres naturelles, renouvelables,
recyclables et fabriquées à partir de bois issus
de forêts qui adoptent un système d'aménagement
durable. En outre, l'éditeur attend de ses fournisseurs
de papier qu'ils s'inscrivent dans une démarche
de certification environnementale reconnue.

Édité par Hachette Livre,
43, quai de Grenelle, 75905 Paris Cedex 15.
Achevé d'imprimer en juin 2014
par Orymu, Espagne.
ISBN : 978.2.501.09763.5
Dépôt légal : août 2014
82.6669.7/01

sommaire

introduction

Est-ce bien raisonnable de vouloir préparer un bon petit repas en seulement 10 minutes ? Bien sûr ! Il suffit de s'y prendre un peu à l'avance, d'avoir un réfrigérateur, un congélateur et des placards bien fournis, et d'accepter toute l'aide que le supermarché, le boucher ou le poissonnier du coin peuvent vous offrir.

Au lieu de décrocher votre téléphone et de vous faire livrer un repas, ou de piquer le film plastique d'un plat cuisiné et de le passer au micro-ondes, vous avez amplement le temps de préparer de A à Z un repas équilibré, et bien meilleur.

Vous avez eu une longue journée ? Votre voiture est tombée en panne, votre train était en retard, vous êtes resté coincé dans les bouchons ou vous avez dû rester tard au bureau ? Et la dernière chose dont vous avez envie, évidemment, c'est de faire les courses et la cuisine ? Suivez ces quelques conseils très simples, et vous concocterez des repas savoureux et équilibrés en quelques minutes seulement.

D'abord, prenez un peu de temps pour prévoir à l'avance ce que vous mangerez dans la semaine. Vous pourrez ainsi vous organiser et faire vos courses intelligemment, en étant sûr d'avoir tout ce qu'il vous faut et de ne rien gaspiller. Et les courses en ligne, vous y avez pensé ? Lorsqu'on a l'habitude, les achats se font en quelques clics. Il ne reste ensuite qu'à choisir l'heure de livraison qui convient le mieux. Au bout du compte, on gagne plusieurs heures chaque mois.

ingrédients

Pour préparer des plats savoureux en un clin d'œil, il faut des ingrédients qui dégagent plein d'arômes et parfument immédiatement un plat. Alors faites le plein de fines herbes, d'épices, de sauces et d'autres aides culinaires.

Et pourquoi ne pas faire pousser des aromates sur le rebord de votre fenêtre ? Non seulement, c'est joli, mais, en plus, vous aurez constamment à disposition des herbes fraîches qui se marieront avec un tas de recettes – le tout, c'est de ne pas oublier de les arroser une fois de temps en temps !

Le gingembre haché ou émincé en conserve réduit considérablement le temps de préparation. De même que la citronnelle ou l'ail surgelés. La viande et le poisson aussi peuvent s'acheter préparés et déjà coupés en dés ou en tranches. Et ces petits morceaux cuisent très vite. Bref, ils font gagner du temps de préparation et de cuisson. On trouve également bon nombre de légumes tout prêts, épluchés et en morceaux, qui font gagner de précieuses minutes derrière les fourneaux après une longue journée de travail. Pour préparer un repas en 10 minutes, il faut savoir se servir astucieusement de tout un tas d'ingrédients préparés entièrement ou en partie. Tous les produits de ce livre se trouvent en grande surface. Nous présentons ci-dessous une liste des ingrédients les plus fréquemment utilisés dans ces recettes, ingrédients que vous pourrez garder à portée de main dans vos placards, votre réfrigérateur ou votre congélateur.

dans les placards

Pas possible de préparer un repas express sans un garde-manger digne de ce nom. Après avoir parcouru ce livre, et bien garni vos placards, vous serez capable de concocter vos propres recettes en un tour de main, comme un chef, sans même vous y être pris à l'avance.

Pensez à noter dans votre liste de courses les produits que vous avez utilisés et que vous devez racheter pour refaire vos stocks. Rangez vos placards de sorte à trouver facilement les choses. Et, évidemment, n'oubliez pas de mettre au réfrigérateur les produits que vous avez entamés, comme les conserves ou le lait de coco.

les indispensables du garde-manger

conserves

- tomates concassées
- légumes secs (pois chiches, lentilles, haricots, etc.)
- légumes et fruits (maïs, ananas, etc.)
- poisson (thon, anchois, saumon, etc., à l'huile ou au naturel)
- lait de coco

bocaux et bouteilles

- purée de tomates et ketchup
- sauce Worcestershire
- pâtes de curry et harissa
- sauce pimentée sucrée
- sauce soja

ANCHOVY FILLETS
ANCHOVY FILLETS

• moutarde (de Dijon, à l'ancienne, anglaise, etc.)
• sauce de poisson thaïe
• wasabi
• chutney à la mangue, chutney aux oignons
• assortiment d'huiles (de tournesol, d'olive, de sésame, etc.)
• assortiment de vinaigres (de vin rouge, de vin blanc, balsamique, etc.)

côté sucré
• miel et sirop d'érable
• coulis de fruits et sauce au chocolat
• extraits (vanille, menthe poivrée, orange, etc.)
• sucre en poudre blanc et sucre roux
• fonds de tarte et meringues

fines herbes, épices et condiments
• ingrédients hachés ou émincés (ail, gingembre, citronnelle, etc.)
• fines herbes séchées (thym, menthe, etc.)
• épices (piment, paprika, cannelle, curry en poudre, mélange d'épices cajun, etc.)
• sel et poivre
• cubes de bouillon
• fonds de sauces

ingrédients secs et précuits
• farine ordinaire et farine de maïs
• pâtes à cuisson rapide, comme l'orzo et les vermicelles
• couscous
• riz précuit, en sachet sous vide
• nouilles aux œufs précuites, nouilles de riz instantanées
• noix de cajou, cacahuètes, noix de pécan
• sésame

dans le réfrigérateur
Les produits comme la viande, le poisson et les fruits de mer doivent être aussi frais que possible. Dans l'idéal, achetez-les le jour même, en ayant en tête une idée de recette pour éviter le gaspillage.
Entretenez de bonnes relations avec votre boucher et votre poissonnier : si vous leur demandez, ils seront ravis de préparer vos produits et vous feront gagner beaucoup de temps en cuisine. Vous pouvez aussi

demander aux bouchers et aux poissonniers des rayons frais des supermarchés de vous donner un coup de pouce.

les indispensables du réfrigérateur

- salade en sachet (roquette, mâche, cresson, pousses d'épinard, etc.)
- pousses de haricot mungo et légumes pour wok en sachet
- légumes tout prêts (champignons émincés, haricots verts équeutés, etc.)
- légumes (carottes, petites pommes de terre nouvelles, poivrons, oignons de printemps, etc.)
- pancetta et chorizo en tranches ou en dés
- viande cuite toute prête (jambon, poulet, etc.)
- chapelure
- pâtes fraîches et gnocchis
- purée de pommes de terre
- parmesan et gruyère râpé
- yaourt (nature, à la grecque, etc.)
- beurre
- œufs
- crème fraîche (classique, épaisse, allégée)
- sauce au fromage, sauce tomate, pesto, guacamole

dans le congélateur

On oublie souvent les services que peut rendre un congélateur, non seulement pour stocker des produits surgelés, mais aussi pour congeler des produits préparés soi-même.

Certains pensent que les produits congelés sont de moindre qualité que les produits frais mais c'est faux, bien au contraire. Les petits pois surgelés, par exemple, contiennent plus de vitamines que les petits pois frais car ils sont congelés juste après la récolte, lorsque leurs qualités nutritionnelles sont à leur maximum. Et grâce à votre congélateur, vous pourrez déguster vos fruits et vos légumes préférés à n'importe quel moment de l'année, que ce soit la saison ou non.

La viande surgelée est d'aussi bonne qualité que la viande fraîche, et, en plus, elle est généralement moins chère. Sous maints aspects aussi, le poisson et les fruits de mer surgelés sont meilleurs que les produits frais : le poisson est congelé dès qu'il est pêché, et conserve ainsi tous ses nutriments et ses saveurs. Côté environnement, les surgelés ont aussi leurs avantages : pour le poisson, pas besoin d'avion, il peut être transporté par bateau ou par voie terrestre. Le truc, c'est de faire décongeler la viande et le poisson pendant une nuit au réfrigérateur avant de les cuisiner. Et une fois décongelés, ne les recongelez pas, utilisez-les comme s'il s'agissait de viande ou de poisson frais. Les surgelés se conservant bien plus longtemps que les produits frais, ils limitent largement le gaspillage. De plus, vous pouvez ne décongeler que les quantités dont vous avez besoin à chaque repas. Le pain se congèle très bien, de même que les pitas, les naans et les muffins salés (que vous pouvez couper en deux). Gardez-en toujours en stock.

Quand vous avez quelques minutes, vous pouvez faire des préparations à mettre au congélateur, dans des petits récipients, pour plus tard. Par exemple, préparez de la chapelure en mixant des miettes de pain sec et congelez-la. De même, stockez au congélateur du gingembre que vous avez râpé, de l'ail haché ou encore du gruyère ou du parmesan râpé pour les utiliser un autre jour, lorsque vous en aurez besoin.

Et quand vous faites cuire du riz, augmentez les quantités et congelez-en une partie. Idem quand vous préparez un plat, comme le poulet au paprika et à la crème (voir page 124) ou le curry de poulet massaman (voir page 114), pourquoi ne pas doubler les proportions et en congeler la moitié ?

les indispensables du congélateur

- assortiments de légumes (méditerranéens, pour wok, etc.)
- petits pois
- oignon émincé, ail haché, gingembre coupé
- fines herbes ciselées (persil, coriandre, basilic, etc.)
- pain (pain blanc, naans, pitas, etc.)
- crème glacée
- fruits (framboises, myrtilles, mélange de fruits des bois, etc.)
- anneaux de calmars, crevettes (à faire décongeler au réfrigérateur)
- pâte à tarte

équipements

Pour réussir de bons petits plats en quelques minutes, il faut des ingrédients savoureux, un garde-manger bien garni et, troisièmement, de bons équipements. Pas besoin d'appareils très compliqués : quelques ustensiles simples, de bonne qualité, font parfaitement l'affaire.

- Pour bon nombre des recettes de ce livre, il vous faudra une grande poêle à fond épais ou un wok. Le fond épais, qui assure une cuisson homogène, permet de faire cuire des aliments à haute température sans les brûler. Les poêles équipées d'une poignée détachable sont pratiques pour achever la cuisson au four.
- Autres incontournables : un bon assortiment de casseroles et de couvercles, une poêle-gril, qui permet de faire griller des légumes ou de la viande par exemple, une grande passoire et un chinois.
- Côté coutellerie, il vous faut au moins un couteau économe pour éplucher vos fruits et vos légumes, un petit couteau pour les éplucher et les trancher, un grand couteau pour les hacher. N'oubliez pas qu'avec un couteau bien aiguisé, non seulement vous irez plus vite, mais en plus vous risquerez moins de vous blesser.
- Il est par ailleurs indispensable d'avoir plusieurs planches à découper : une pour les fruits et les légumes, une pour la viande et une pour le poisson.
- Parmi les ustensiles de base, citons les cuillères pour remuer vos préparations, une spatule, une écumoire, un fouet et une pince, au moins deux plaques de cuisson pour le four, ainsi qu'un assortiment de saladiers et de culs-de-poule de différentes tailles.
- Pour bien choisir votre râpe, prenez-en une facile à tenir et à manier, avec plusieurs faces, et bien aiguisée. Et pour râper en un rien de temps le zeste d'agrumes, c'est un zesteur qu'il vous faut.
- Enfin, , équipez-vous d'une bonne balance et d'un verre doseur.

le matériel électrique

Les ustensiles électriques sont là pour vous faire gagner du temps. Investissez dans un bon robot ménager pour préparer en un clin d'œil vos sauces et vos pestos, mixer vos soupes et hacher vos fruits et vos noix. Avec un bon batteur, vous monterez des œufs en neige et vous préparerez des crèmes fouettées comme un pro. Enfin, que ferait-on sans un micro-ondes ? Il permet non seulement de réchauffer des plats cuisinés divers et variés, mais aussi de faire fondre du chocolat, de décongeler des produits surgelés ou encore de faire cuire en un rien de temps des légumes pour accompagner certaines de ces recettes.

méthodes de cuisson express

La plupart des recettes de ce livre reposent sur des méthodes de cuisson très rapides. Pour un succès garanti, suivez les conseils suivants :

plats sautés

Il vous faut une bonne poêle – ou bien un wok ou une sauteuse. Faites chauffer la poêle jusqu'à ce qu'elle soit bien chaude, puis versez-y un peu d'huile. Attendez que l'huile soit à son tour bien chaude avant d'ajouter les ingrédients à cuire : de cette façon, ils seront rapidement grillés à l'extérieur, ils développeront au mieux leurs arômes et ne perdront pas leur jus. Et n'oubliez pas de couper la viande et les légumes en morceaux de la même taille pour qu'ils cuisent de façon homogène.

friture

Si vous n'avez pas de friteuse, utilisez un wok ou une sauteuse. Assurez-vous que l'huile est suffisamment chaude avant d'y mettre les ingrédients à frire. Pour cela, utilisez un thermomètre ou bien faites tomber un dé de pain dans l'huile : il doit dorer en 15 secondes. Si la température n'est pas assez élevée, vos aliments seront mous et absorberont beaucoup d'huile. L'avantage, avec une friteuse, c'est qu'il est possible de régler précisément la température au niveau souhaité.

gril
Vérifiez que le gril est préchauffé à puissance élevée avant de mettre vos aliments à griller. Ils doivent être en hauteur, aussi près que possible de la résistance, sans la toucher.

poêle-gril
Faites chauffer une poêle-gril jusqu'à ce qu'elle soit très chaude et huilez légèrement les deux côtés de vos aliments avant de les faire griller. Au besoin, avant de la faire chauffer, graissez la poêle en la frottant avec une feuille de papier absorbant bien imbibée d'huile et ajoutez les ingrédients lorsqu'elle commence à fumer.

quelques astuces pour bien organiser votre cuisine
Quand vous avez une heure libre, profitez-en pour réorganiser votre cuisine et en faire un espace de travail agréable, où vous trouverez tout ce qu'il vous faut les yeux fermés.

- Cela paraît évident, mais il faut commencer par ranger à portée de main les ustensiles dont vous vous servez souvent – cuillères en bois et spatules notamment. Vous pouvez les mettre dans un pot ou les accrocher à un rail à côté de la cuisinière, par exemple. Ils seront là, à votre disposition, dès que vous en aurez besoin.
- Rangez vos tiroirs en gardant à l'avant les ustensiles dont vous vous servez le plus. Les couteaux se mettent dans un bloc ou s'accrochent à une barre au-dessus du plan de travail – ils n'ont rien à faire tout au fond d'un tiroir, où ils vont s'émousser, sans compter que, si vous ne les voyez pas bien, vous risquez de vous couper.
- Ne cachez pas votre robot ou votre batteur au fond d'un placard ou derrière des tas d'appareils lourds. Rien que l'idée d'aller les

chercher découragerait le plus enthousiaste des cuisiniers !

• Gardez vos saladiers et vos verres doseurs ensemble au lieu de les éparpiller dans tous vos placards. Les plats qui vont au four doivent aussi être facilement accessibles. Les plaques de cuisson se rangent, par exemple, dans un tiroir sous le four ou à proximité.

• Enfin, conservez votre plan de travail propre et en ordre, ne l'encombrez pas d'ustensiles inutiles. Il est important d'avoir suffisamment d'espace pour travailler et se sentir à l'aise. Dans une cuisine ordonnée, vous cuisinerez mieux, et plus vite.

accompagnement

C'est très bien de préparer un bon petit plat en quelques minutes montre en main, mais quid de l'accompagnement ? Si vous choisissez une recette en 10 minutes, vous n'avez sans doute guère envie de passer des heures à préparer de quoi l'accompagner pour avoir un repas savoureux et équilibré. Entre la purée de pommes de terre, les pâtes fraîches ou le riz précuit des grandes surfaces, vous disposez de tout un éventail d'accompagnements tout prêts, qui se réchauffent en quelques minutes seulement. Au rayon pains, les possibilités sont aussi variées qu'intéressantes sur le plan nutritionnel, depuis la traditionnelle baguette à savourer avec une soupe jusqu'aux naans et aux chapatis qui se marient à merveille avec les currys. En revanche, pour accompagner les recettes qui contiennent déjà des sucres lents, comme le riz, les pâtes ou les pommes de terre, préférez une salade verte ou des légumes.

Les légumes surgelés, les épinards ou les petits pois, par exemple, se préparent très rapidement, en particulier au micro-ondes. La plupart des supermarchés proposent aujourd'hui toute une gamme de légumes frais prêts à cuire – haricots verts, haricots mange-tout, asperges, etc. Vous pouvez les préparer très facilement, en quelques minutes, dans une casserole d'eau bouillante salée, en même temps que vous poursuivez votre recette. Quant aux crudités – tomates, concombres, mesclun, etc. –, il suffit de quelques instants pour les mélanger et concocter une salade rafraîchissante et vitaminée.

préparer les recettes de ce livre

- Avant de vous lancer, vérifiez que vous avez tous les ingrédients nécessaires, ainsi que les divers ustensiles et appareils.
- Lisez la recette du début à la fin pour savoir comment procéder. Il se peut que vous ayez à préparer des choses à l'avance, à préchauffer le gril ou le four, ou à faire chauffer une poêle huilée ou une friteuse.
- Exercez-vous à l'art de faire plusieurs choses en même temps ! Pendant que de la viande dore dans une poêle, vous devrez peut-être mélanger une sauce qui mijote dans une casserole. Quand vous l'aurez fait plusieurs fois, vous verrez, vous vous en sortirez comme un chef !
- Suivez les recettes, étape par étape, dans le bon ordre. Et au lieu de tout préparer au début, faites les choses au fur et à mesure : occupez-vous des ingrédients suivants pendant que les premiers ingrédients cuisent. C'est le secret pour réussir à tout faire en 10 minutes.
- Pour obtenir instantanément du bouillon bien chaud, dissolvez un cube dans de l'eau bouillante. Et pour faire cuire des pâtes, du riz ou des légumes à l'eau plus rapidement, faites bouillir l'eau dans une bouilloire avant de la verser dans la casserole.
- Pendant que vous préparez le dîner familial, demandez aux membres de la famille de mettre le couvert. Lorsque les enfants participent à la préparation d'un repas, que ce soit en touillant une sauce ou en mettant la table, ils seront d'autant plus ravis de participer à sa dégustation. Et tout le monde appréciera de passer un repas dans une bonne ambiance.
- Restez zen ! Le stress empêche de travailler rapidement et efficacement, et il ruine l'atmosphère du repas qui devrait être un moment agréable. Si vous mettez 12 minutes au lieu de 10 à préparer un repas, ne vous énervez pas. Nous travaillons tous à des rythmes différents, certains arrivent à éplucher des légumes ou à hacher de la viande plus vite que d'autres, c'est comme ça !
- Enfin et surtout, profitez de ce bon moment : savourez les parfums de votre cuisine et le plaisir de partager un délicieux repas préparé en un clin d'œil.

entrées

quesadilla au thon et à la tomate

Pour **2 personnes**
Préparation **4 minutes**
Cuisson **4 à 6 minutes**

2 **tortillas**
4 c. à s. de **sauce tomate fraîche**
2 **oignons de printemps** grossièrement hachés
75 g de **thon en boîte**, égoutté
50 g de **maïs au poivron en conserve**, égoutté
75 g de **mozzarella** râpée
huile d'olive

Déposez 1 tortilla sur une assiette, tartinez-la de sauce tomate, puis garnissez-la d'oignons de printemps, de miettes de thon, de maïs et de mozzarella. Placez la seconde tortilla dessus et pressez bien.

Faites chauffer une grande poêle et graissez-la avec un peu d'huile d'olive. Déposez la quesadilla dans la poêle et laissez-la cuire pendant 2 à 3 minutes à feu moyen, en pressant dessus avec une spatule, jusqu'à ce que le fromage commence à fondre.

Placez une assiette à l'envers sur la poêle, puis retournez le tout de sorte de faire tomber la quesadilla dans l'assiette. Faites ensuite glisser la quesadilla dans la poêle pour la faire cuire de l'autre côté pendant 2 à 3 minutes. Retirez la quesadilla de la poêle et coupez-la en parts.

Tortillas façon pizza Déposez deux tortillas sur une grande plaque de cuisson. Garnissez-les de 4 cuillerées à soupe de sauce tomate pour pizza, puis de 4 tranches de prosciutto coupées en petits carrés et de 125 g de mozzarella coupée en tranches. Faites cuire les tortillas 2 à 3 minutes sous le gril du four préchauffé à puissance forte jusqu'à ce que le fromage ait fondu. Parsemez-les de 1 grosse poignée de feuilles de roquette et arrosez-les d'huile d'olive. Servez aussitôt.

salade de haloumi à l'orange et à la menthe

Pour **2 personnes**
Préparation **6 minutes**
Cuisson **2 à 4 minutes**

2 **oranges** épluchées à vif
4 c. à s. de **menthe** ciselée
2 c. à c. de **vinaigre de vin blanc**
2 c. à s. d'**huile d'olive**
1 c. à c. de **miel**
50 g de **pignons de pin**
250 g de **haloumi** (8 à 10 tranches)
125 g de mélange de **pousses d'épinard** et de **cresson** lavé
sel et **poivre**

Au-dessus d'un bol, coupez les oranges en suprêmes en retirant la chair entre les membranes blanches. Récupérez le jus. Fouettez le jus, la menthe, le vinaigre, l'huile d'olive et le miel, puis assaisonnez la sauce obtenue à votre goût.

Faites chauffer une poêle et faites griller les pignons de pin à sec pendant 1 à 2 minutes, en remuant de temps en temps.

Faites chauffer une poêle et faites griller les tranches de haloumi 1 à 2 minutes de chaque côté.

Dressez les pousses d'épinard et de cresson puis les quartiers d'orange dans 2 assiettes creuses, ajoutez le fromage et saupoudrez de pignons de pin. Arrosez de sauce et servez aussitôt.

Haloumi sauce câpres citron Dans un bol, mélangez 2 cuillerées à soupe d'huile d'olive, le zeste finement râpé et le jus de 1 petit citron, 1 cuillerée à soupe de vinaigre de vin blanc, 1 cuillerée à café de moutarde de Dijon, 2 cuillerées à soupe de persil haché et 1 cuillerée à soupe de câpres. Assaisonnez et fouettez bien le tout. Coupez 250 g de haloumi en 8 tranches. Faites chauffer une poêle et faites griller les tranches de haloumi 1 à 2 minutes de chaque côté. Dressez le fromage dans 2 assiettes, arrosez de sauce et servez aussitôt avec des pitas bien chaudes.

rouleaux de printemps à la crevette

Pour **2 personnes**
Préparation **10 minutes**

3 **feuilles de riz** (banh trang) de 20 cm de diamètre
½ petite **carotte**, taillée en julienne
2 feuilles de **chou chinois**, taillées en fines lanières
25 g de **pousses de haricot mungo**
4 c. à s. de **coriandre fraîche**, ciselée
125 g de **crevettes tigrées** cuites, décortiquées
1 c. à s. de **sauce de poisson thaïe**
6 feuilles de **menthe**
un petit pot de **sauce pimentée sucrée**

Faites tremper une feuille de riz dans un bol d'eau chaude jusqu'à ce qu'elle soit souple et opaque, puis secouez-la pour ôter l'excès d'eau et déposez-la sur une assiette plate.

Mettez la carotte, le chou chinois, les pousses de haricot mungo, la coriandre et les crevettes dans un saladier puis mélangez bien le tout.

Badigeonnez le centre de la feuille de riz de la sauce de poisson, ajoutez 2 feuilles de menthe puis un tiers de la préparation à la crevette de sorte à former un petit boudin. Repliez les deux bords de la feuille de riz (aux extrémités du boudin), puis roulez-la pour former un rouleau bien serré.

Couvrez le premier rouleau de printemps d'un linge humide puis répétez l'opération avec le reste de feuilles de riz et de garniture. Coupez les rouleaux en deux et servez-les aussitôt avec de la sauce pimentée sucrée.

Coupelles de laitue à la crevette Mélangez 200 g de crevettes décortiquées cuites, 125 g de mangue pelée taillée en dés, 50 g de pousses de haricot mungo et 2 cuillerées à soupe de coriandre fraîche ciselée. Déposez 8 feuilles externes de mini laitue sur une assiette. Garnissez-les de la préparation à la crevette et arrosez-les d'un peu de sauce pimentée sucrée. Servez aussitôt.

jambon de Parme et figues au vinaigre balsamique

Pour **4 personnes**
Préparation **5 minutes**
Cuisson **4 à 5 minutes**

8 **figues** bien mûres, coupées en deux
2 c. à s. de **vinaigre balsamique**
huile d'olive vierge extra
12 tranches de **jambon de Parme**
50 g de **roquette**
sel et **poivre**

Disposez les figues sur une plaque de cuisson, côté coupé vers le haut. Badigeonnez-les de vinaigre et arrosez-les d'un peu d'huile. Salez légèrement et poivrez généreusement au moulin.

Faites griller les figues 4 à 5 minutes sous le gril du four préchauffé à puissance élevée : elles doivent être bien chaudes.

Dressez le jambon de Parme sur 4 assiettes. Ajoutez les figues et la roquette. Arrosez d'un peu d'huile d'olive et servez aussitôt (dans cette recette, les figues doivent se manger chaudes).

Melon au jambon de Parme et à la menthe
Pelez et tranchez un petit melon bien mûr, puis rangez les tranches sur un plat. Ajoutez 12 tranches de jambon de Parme. Décorez le tout de 5 feuilles de menthe, grossièrement ciselées, et arrosez d'huile d'olive vierge extra.

croque-monsieur

Pour **2 personnes**
Préparation **4 minutes**
Cuisson **6 minutes**

4 tranches de **pain de mie**
1 c. à s. de **moutarde de Dijon**
2 tranches épaisses de **jambon**
4 tranches de **gruyère**
1 gros **œuf**
25 ml de **lait**
1 c. à s. d'**huile de tournesol**
sel et **poivre**

Tartinez la moutarde sur 2 tranches de pain, puis ajoutez 1 tranche de jambon et 2 tranches de fromage sur chaque morceau de pain. Recouvrez d'une seconde tranche de pain de sorte à former 2 sandwichs.

Battez l'œuf et le lait dans une assiette creuse, salez et poivrez. Faites chauffer l'huile dans une grande poêle.

Plongez les sandwichs dans la préparation à l'œuf, attendez 1 minute, puis retournez-les et attendez encore 1 minute.

Faites griller les croque-monsieur à la poêle pendant 3 minutes de chaque côté : le pain doit être doré et le fromage fondu. Servez aussitôt.

Toasts au fromage et à l'oignon Faites rapidement griller des deux côtés 2 grosses tranches de pain de mie sous le gril du four préchauffé à puissance élevée. Répartissez 2 cuillerées à soupe de chutney à l'oignon puis 125 g de gruyère râpé sur les 2 tranches de pain. Remettez les toasts sous le gril et faites-les cuire 2 à 3 minutes supplémentaires jusqu'à ce que le fromage soit gratiné. Servez aussitôt avec une salade verte.

salade Caesar au poulet

Pour **4 personnes**
Préparation **7 à 8 minutes**

2 **salades romaines**
1 **avocat** bien mûr, pelé, dénoyauté et coupé en dés
375 g de tranches de **poulet rôti**, grossièrement émiettées
50 g de petits **croûtons grillés**

Sauce
6 c. à s. de **crème fraîche** allégée
2 **filets d'anchois à l'huile** égouttés
4 c. à s. de **parmesan** râpé + un peu pour décorer
zeste finement râpé et **jus** de ½ **citron**
poivre noir du moulin

Mettez la crème fraîche, les anchois, le parmesan, le zeste et le jus de citron dans un robot, mixez bien le tout jusqu'à l'obtention d'une sauce onctueuse. Poivrez.

Déchiquetez les feuilles de laitue puis mélangez-les dans un saladier avec l'avocat. Arrosez de sauce et mélangez bien le tout, puis dressez la salade dans 4 assiettes creuses.

Ajoutez le poulet et les croûtons, poivrez et décorez d'un peu de parmesan. Servez aussitôt.

Salade Caesar chaude au saumon Coupez 4 filets de saumon sans peau, d'environ 150 g chacun, dans le sens de la longueur de sorte à obtenir 4 bandes. Huilez légèrement une poêle-gril et faites-la chauffer à feu moyen. Faites ensuite revenir les bandes de saumon pendant 1 à 2 minutes de chaque côté jusqu'à ce que le saumon soit juste cuit. Pendant ce temps, préparez une sauce et une salade comme ci-dessus, en omettant le poulet. Dressez la salade dans 4 assiettes creuses, ajoutez les bandes de saumon, poivrez et décorez d'un peu de parmesan râpé.

mini avocats farcis au crabe

Pour **4 personnes**
Préparation **10 minutes**

4 c. à s. de **mayonnaise**
2 c. à s. de **yaourt à la grecque**
3 c. à s. de **jus de citron vert**
½ à 1 c. à c. de **wasabi**
2 c. à s. de **coriandre fraîche**, ciselée
200 g de **chair de crabe blanche**, fraîche
4 **mini avocats** bien mûrs
sel et **poivre**
cresson en sachet

Mélangez la mayonnaise et le yaourt, puis incorporez 1 cuillerée à soupe de jus de citron vert et du wasabi à votre convenance. Ajoutez la coriandre et la chair de crabe, assaisonnez puis mélangez bien les ingrédients.

Coupez les avocats en deux, retirez les noyaux, puis citronnez la chair avec le reste de jus de citron. Dressez les moitiés d'avocat sur 4 assiettes de service.

Garnissez les avocats de préparation au crabe et agrémentez les assiettes de cresson. Servez aussitôt.

Crevettes cocktail et mayonnaise coriandre citron vert Effeuillez 3 mini laitues et répartissez les feuilles dans 4 verrines. Mélangez 6 cuillerées à soupe de mayonnaise, 1 cuillerée à soupe de jus de citron vert, 2 gouttes de Tabasco et 2 cuillerées à soupe de coriandre fraîche ciselée. Incorporez 400 g de crevettes décortiquées cuites, puis ajoutez la préparation obtenue dans les verrines. Servez aussitôt avec quelques quartiers de citron vert.

rillettes de haricots aux anchois

Pour **2 ou 3 personnes**
Préparation **8 minutes**

425 g de **haricots de Lima**, égouttés et rincés
50 g de **filets d'anchois à l'huile** en conserve, égouttés
2 **oignons de printemps**, finement hachés
2 c. à s. de **jus de citron**
1 c. à s. d'**huile d'olive**
4 c. à s. de **coriandre fraîche**, ciselée
poivre
4 à 6 tranches de **pain de seigle** grillé

Mixez tous les ingrédients, sauf la coriandre, jusqu'à l'obtention d'une pâte grossièrement hachée. Vous pouvez aussi écraser les haricots avec une fourchette et hacher finement les anchois, puis mélangez les ingrédients à la main.

Incorporez ensuite la coriandre et poivrez bien. Servez avec des tranches de pain de seigle grillé.

Rillettes de haricots aux champignons Faites revenir 250 g de champignons coupés en lamelles et 1 gousse d'ail finement hachée dans 2 cuillerées à soupe d'huile d'olive jusqu'à ce que les champignons soient tendres et que tout le liquide soit évaporé. Laissez refroidir et suivez la recette ci-dessus, en remplaçant les anchois par des champignons.

œufs de caille au jambon serrano

Pour **2 personnes**
Préparation **3 minutes**
Cuisson **6 minutes**

50 g de **sauce hollandaise**
1 c. à c. de **moutarde de Dijon**
2 tranches de **jambon serrano**
2 **muffins salés**, coupés en deux et toastés
25 g de **beurre** fondu
4 **œufs de caille**
un peu de **cresson** ou quelques feuilles de **laitue**

Mélangez la sauce hollandaise et la moutarde. Faites chauffer une petite poêle et faites-y griller le jambon à sec pendant 2 minutes de chaque côté. Pendant ce temps, tartinez les muffins avec une partie du beurre et gardez-les au chaud.

Graissez une poêle avec le reste de beurre, faites-la chauffer à feu moyen, puis cassez-y les œufs et faites-les cuire 2 minutes.

Disposez les moitiés de muffins sur 2 assiettes, garnissez-les d'œufs de caille au plat et arrosez le tout de sauce. Servez aussitôt avec le jambon serrano et la salade.

Œufs de caille aux asperges Faites cuire 250 g de pointes d'asperge toutes prêtes dans une grande casserole d'eau bouillante salée pendant 3 à 4 minutes jusqu'à ce qu'elles soient al dente. Égouttez-les et gardez-les au chaud. Pendant ce temps, plongez 4 œufs de caille dans une petite casserole d'eau froide, portez à ébullition, puis retirez du feu et attendez 30 secondes. Écalez les œufs et coupez-les en deux. Préparez une sauce hollandaise à la moutarde comme ci-dessus. Dressez les asperges et les œufs sur 2 assiettes puis arrosez-les de sauce. Servez aussitôt avec du pain croustillant.

dip de feta à la menthe

Pour **4 personnes**
Préparation **5 minutes**
Cuisson **2 à 4 minutes**

150 g de **feta** émiettée
½ petit **oignon rouge**, émincé
1 poignée de **menthe** finement hachée
200 ml de **yaourt à la grecque**
8 **pitas** à la farine complète
poivre noir du moulin
rondelles d'**olives noires**

Mettez le fromage, l'oignon, la menthe et le yaourt dans un bol, poivrez puis mélangez bien le tout. Transférez le dip dans un bol de service et décorez-le de rondelles d'olives noires.

Faites dorer les pitas sous le gril du four préchauffé à puissance élevée pendant 1 à 2 minutes de chaque côté. Coupez-les en lanières et servez-les en accompagnement du dip de feta.

Pitas à la feta Faites griller 4 pitas puis ouvrez-les en deux. Pendant ce temps, mélangez 12 tomates cerises coupées en deux, ½ petit concombre taillé en dés, 1 petite poignée d'olives noires coupées en tranches et 200 g de feta émiettée. Fouettez 2 cuillerées à soupe d'huile d'olive avec 2 cuillerées à café de vinaigre de vin rouge et 1 grosse pincée d'origan séché, salez et poivrez. Arrosez la salade de sauce et mélangez bien. Garnissez les pitas de feuilles de laitue taillées en lanières puis de salade à la feta. Servez aussitôt.

haloumi grillé au paprika

Pour **4 personnes**
Préparation **5 minutes**
Cuisson **5 minutes**

6 c. à s. d'**huile d'olive vierge extra**
4 c. à s. de **jus de citron**
½ c. à c. de **paprika fumé**
250 g de **haloumi** coupé en dés
sel et **poivre**

Mélangez l'huile, le jus de citron et le paprika dans un bol, salez et poivrez.

Faites chauffer une poêle à fond épais et, à feu moyen, faites griller les dés de haloumi en remuant : ils doivent commencer à ramollir. Transférez aussitôt sur une assiette, arrosez d'huile au paprika et servez avec des piques à cocktail.

salade de lentilles au chèvre

Pour **4 personnes**
Préparation **10 minutes**

125 g de **pousses d'épinard**
400 g de **lentilles du Puy** préparées en conserve, égouttées et rincées
125 g de **poivrons rouges grillés** en saumure ou à l'huile, égouttés et hachés
50 g de cerneaux de **noix**
125 g de **fromage de chèvre frais**, coupé en grosses miettes

Sauce
2 c. à s. de **vinaigre balsamique**
3 c. à s. d'**huile de noix**
1 c. à c. de **moutarde de Dijon**
sel et **poivre**

Mettez les épinards, les lentilles, les poivrons et les noix dans un saladier puis mélangez délicatement le tout.

Fouettez les ingrédients de la sauce dans un bol, puis assaisonnez à votre goût. Versez la sauce sur la salade aux lentilles et remuez délicatement. Dressez la salade dans 4 assiettes creuses puis garnissez-la de miettes de fromage.

Salade de betteraves au chèvre Coupez 8 betteraves cuites en fins quartiers. Dans un saladier, mélangez les betteraves, 50 g de pignons de pin grillés et 150 g de mesclun. Dans un bol, fouettez 1 cuillerée à soupe de vinaigre balsamique, 2 cuillerées à soupe d'huile d'olive et 2 cuillerées à café de miel clair liquide, salez et poivrez. Versez cette sauce sur la salade et mélangez bien le tout. Dressez dans 4 assiettes et garnissez de 200 g de fromage de chèvre émietté. Servez aussitôt.

naans gratinés au poulet

Pour **4 personnes**
Préparation **2 minutes**
Cuisson **6 à 8 minutes**

2 **naans** nature d'environ 150 g chacun
4 c. à s. de **chutney à la mangue**
125 g de **poulet tandoori** ou **tikka** tout prêt, coupé en dés
½ petit **poivron rouge**, épépiné et coupé en lanières
125 g de **mozzarella** râpée
2 c. à s. de **coriandre fraîche**, ciselée
raïta

Préchauffez le four à 200 °C. Rangez les naans sur une grande plaque de cuisson et garnissez-les de chutney à la mangue.

Ajoutez le poulet et le poivron, puis la mozzarella. Faites cuire 6 à 8 minutes au four jusqu'à ce que le fromage soit gratiné.

Saupoudrez les naans de coriandre, coupez-les en deux et servez-les aussitôt avec le raïta.

Ciabattas gratinées à la tomate Coupez une ciabatta en deux dans le sens de la longueur. Faites griller les moitiés de pain sous le gril du four préchauffé à puissance élevée pendant 2 minutes de chaque côté. Tartinez 3 cuillerées à soupe de pâte de tomates séchées sur chaque moitié de ciabatta, puis répartissez 125 g de mozzarella coupée en tranches et 7 tomates cerises coupées en deux sur les 4 moitiés de pain. Faites gratiner 3 à 4 minutes sous le gril du four préchauffé à puissance élevée. Coupez les moitiés de ciabattas en deux et décorez-les de basilic. Servez aussitôt.

salade de tomate au tofu et au piment

Pour **2 personnes**
Préparation **8 minutes**
Cuisson **1 à 2 minutes**

25 g de **pignons de pin**
1 belle **tomate cœur-de-bœuf**, coupée en fines tranches
125 g de **tofu**
50 g de **piment en saumure** ou **à l'huile**, égouttés et émincés
3 c. à s. de **ciboulette** ciselée
2 c. à s. de **persil plat** ciselé
40 g de **raisins de Smyrne**
4 c. à s. d'**huile d'olive**
2 c. à s. de **jus de citron**
2 c. à c. de **sucre en poudre**
sel et **poivre**
pain croustillant

Faites chauffer une poêle et faites griller les pignons de pin à sec pendant 1 à 2 minutes, en les remuant de temps en temps.

Dressez les rondelles de tomate sur 2 assiettes de service et assaisonnez-les légèrement. Émiettez finement le tofu dans un bol, ajoutez le piment, la ciboulette, le persil, les pignons de pin et les raisins secs puis mélangez bien.

Fouettez l'huile d'olive, le jus de citron et le sucre, assaisonnez puis incorporez cette sauce à la préparation au tofu. Ajoutez un peu de cette salade sur les rondelles de tomate. Servez avec du pain bien croustillant.

Salade d'épinards au tofu Émiettez finement le tofu dans un bol, ajoutez les fines herbes, les pignons de pin, les raisins de Smyrne et 3 cuillerées à soupe de jus de citron vert. Faites chauffer 2 cuillerées à café d'huile d'arachide dans une poêle. Faites revenir 1 gousse d'ail écrasée pendant quelques secondes, puis ajoutez 250 g de pousses d'épinard et prolongez la cuisson jusqu'à ce qu'elles réduisent. Mélangez les épinards et la salade de tofu. Servez avec du pain croustillant.

poulet pimenté à la thaïe

Pour **4 personnes**
Préparation **5 minutes**
Cuisson **5 minutes**

un peu d'**huile**
350 g d'**aiguillettes de poulet**
quelques quartiers de **citron vert**

Sauce
2 c. à c. de **sucre de canne** ou de **sucre roux**
1 c. à s. de **gingembre** haché, en conserve
1 c. à c. de **pâte de citronnelle**
3 c. à s. de **sauce pimentée sucrée**
2 c. à s. de **vinaigre de vin de riz**
zeste finement râpé et **jus** de 1 **citron vert**
4 c. à s. de **sauce soja foncée**

Huilez légèrement une poêle-gril et faites-la chauffer sur feu vif. Pendant ce temps, débitez les aiguillettes de poulet en grosses lamelles. Mélangez tous les ingrédients de la sauce dans un saladier, ajoutez le poulet et remuez bien le tout.

Poêlez les lamelles de poulet 3 minutes d'un côté, en les badigeonnant du reste de sauce, puis retournez-les et poursuivez la cuisson 2 minutes. Servez aussitôt avec des quartiers de citron vert.

Soupe de poulet à la thaïe Faites chauffer 1 cuillerée à soupe d'huile dans une sauteuse, faites cuire 2 cuillerées à soupe de pâte de curry thaï rouge ou vert pendant 1 minute, puis ajoutez 1 cuillerée à café de pâte de citronnelle, 800 ml de lait de coco allégé et 1 cuillerée à soupe de sauce de poisson thaïe. Portez à ébullition, réduisez le feu, puis incorporez 125 g de pousses de bambou en conserve égouttées et laissez mijoter le tout 2 à 3 minutes supplémentaires. Pendant ce temps, émiettez grossièrement 350 g de blancs de poulet cuits du commerce. Incorporez les miettes de poulet et 2 cuillerées à soupe de coriandre fraîche ciselée dans la soupe. Laissez mijoter 2 minutes supplémentaires jusqu'à ce que le poulet soit bien chaud. Ajoutez 3 cuillerées à soupe de jus de citron vert et servez aussitôt.

calmars poivre sel

Pour **2 personnes**
Préparation **2 minutes**
Cuisson **6 minutes**

150 ml d'**huile de tournesol**
4 c. à s. de **farine de maïs**
½ c. à c. de **sel**
1 c. à c. de **poivre noir** du moulin
½ c. à c. de **mélange 5 épices**
250 g de **calmars** crus, en anneaux
quelques quartiers de **citron**

Dans une friteuse ou une cocotte, faites chauffer l'huile à 180 °C (un dé de pain doit frire en 15 secondes).

Mélangez la farine de maïs, le sel, le poivre et le mélange 5 épices dans un saladier. Ajoutez les anneaux de calmars et remuez de sorte à bien enrober les calmars de pâte. Avant de les faire cuire, secouez les calmars pour faire retomber l'excès de pâte.

Faites frire la moitié des calmars dans l'huile bouillante pendant 2 minutes, puis retournez-les et poursuivez la cuisson 1 minute jusqu'à ce qu'ils soient bien dorés. Retirez-les avec une écumoire et déposez-les sur du papier absorbant. Répétez l'opération avec le reste de calmars. Servez aussitôt avec des quartiers de citron.

Calmars sautés à l'ail et au persil Faites chauffer 1 cuillerée à soupe d'huile d'olive dans une poêle et faites-y dorer 1 cuillerée à café d'ail haché pendant 1 à 2 minutes. Incorporez 250 g d'anneaux de calmars crus et mélangez le tout de sorte que les calmars soient bien enrobés d'huile. Ajoutez 25 g de chapelure fraîche et, en remuant de temps en temps, poursuivez la cuisson 3 à 4 minutes jusqu'à ce que les calmars soient al dente et la chapelure grillée. Incorporez 1 cuillerée à soupe de persil ciselé, salez et poivrez. Retirez du feu, arrosez de 2 cuillerées à soupe de jus de citron, mélangez bien puis servez aussitôt.

soupe d'avocats glacée

Pour **4 personnes**
Préparation **10 minutes**

3 **avocats** bien mûrs, pelés, dénoyautés et coupés en dés
1 petit **oignon rouge**, grossièrement haché
3 à 4 gouttes de **Tabasco**
3 c. à s. de **jus de citron vert**
600 ml de **lait fermenté**
4 c. à s. de **coriandre fraîche**, ciselée
12 **glaçons**
tortillas chaudes, coupées en lanières

Dans un robot, mixez les dés d'avocat (en en réservant 1 poignée) et les autres ingrédients, sauf les glaçons, jusqu'à l'obtention d'une soupe lisse.

Dressez la soupe dans 4 bols, ajoutez 3 glaçons dans chaque bol et décorez avec le reste de dés d'avocat. Servez aussitôt avec des tortillas chaudes.

Salade d'avocats au lard fumé Faites griller 8 tranches de lard fumé sous le gril du four préchauffé à puissance élevée pendant 3 à 4 minutes de chaque côté, puis égouttez-les sur du papier absorbant. Pendant ce temps, mélangez 4 cuillerées à soupe de mayonnaise, 1 cuillerée à café de moutarde à l'ancienne et 2 cuillerées à soupe de vinaigre de vin blanc. Pelez, dénoyautez et tranchez 2 avocats bien mûrs. Dans un saladier, mélangez les tranches d'avocat avec 375 g de pousses d'épinard et 12 tomates cerises coupées en deux. Coupez le lard fumé en petits morceaux, incorporez-les à la salade, puis arrosez la salade de sauce. Mélangez délicatement et servez aussitôt avec du pain croustillant.

rillettes de truite fumée au raifort

Pour **4 personnes**
Préparation **8 minutes**

200 g de filets de **truite fumée**
1 c. à c. de **paprika**
2 c. à s. de **jus de citron**
2 c. à s. de **sauce au raifort**
100 g de **fromage à tartiner**
sel et **poivre**
1 c. à s. de **ciboulette** ciselée
tranches de **pain complet** grillé ou crackers

Émiettez le poisson et retirez les éventuelles arêtes. Mixez les miettes de truite et les autres ingrédients jusqu'à l'obtention d'une tartinade avec des petits morceaux (raclez de temps en temps les bords du bol du robot).

Assaisonnez à votre goût, décorez de ciboulette et servez avec des crackers ou des tranches de pain complet grillé.

Œufs brouillés à la truite fumée Battez 6 œufs avec 2 cuillerées à soupe de lait, salez et poivrez. Faites fondre 15 g de beurre à feu doux dans une poêle antiadhésive, ajoutez les œufs et laissez-les cuire 5 à 6 minutes à feu doux, en remuant de temps en temps, jusqu'à ce qu'ils soient légèrement pris mais encore crémeux. Hors feu, incorporez 200 g de truite fumée émiettée et 1 cuillerée à soupe de ciboulette ciselée. Servez aussitôt avec des tranches de pain complet grillé.

œufs pochés aux épinards

Pour **4 personnes**
Préparation **2 minutes**
Cuisson **8 minutes**

4 branches de **tomates cerises**, avec environ 6 tomates sur chacune
2 c. à s. de **crème de vinaigre balsamique**
1 petit bouquet de **basilic** effeuillé
1 c. à s. de **vinaigre**
4 gros **œufs**
100 g de **pousses d'épinard**
sel et **poivre**
4 grosses tranches de **pain complet** grillé

Préchauffez le four à 200 °C. Portez une grande casserole d'eau à douce ébullition. Rangez les grappes de tomates cerises dans un plat allant au four, arrosez-les de crème de vinaigre balsamique, décorez-les de feuilles de basilic puis assaisonnez-les. Faites cuire les tomates 8 minutes au four préchauffé jusqu'à ce qu'elles commencent à s'affaisser.

Pendant ce temps, versez le vinaigre dans une casserole d'eau frémissante, cassez 2 œufs en les faisant délicatement tomber dans l'eau et laissez-les cuire 3 minutes. Retirez-les à l'aide d'une écumoire puis gardez-les au chaud. Répétez l'opération avec les autres œufs.

Répartissez les pousses d'épinard dans 4 assiettes de service et placez un œuf poché sur chaque portion. Ajoutez les tomates et arrosez-les de jus de cuisson. Servez aussitôt avec des tranches de pain complet grillé.

Salade d'épinards et de cresson aux œufs mollets
Faites cuire 4 gros œufs dans une casserole d'eau frémissante pendant 7 à 8 minutes. Pendant ce temps, répartissez 100 g de pousses d'épinard et 24 tomates cerises coupées en deux dans 4 assiettes de service. Faites refroidir les œufs en les passant sous l'eau froide, écalez-les et coupez-les en grosses tranches. Disposez les rondelles d'œufs sur la salade, ajoutez 20 g de cresson, puis arrosez le tout d'un peu d'huile d'olive et de sirop de vinaigre balsamique. Servez avec du pain grillé.

houmous à la marocaine

Pour **4 personnes**
Préparation **5 minutes**

400 g de **pois chiches** en conserve, rincés et égouttés
1 c. à s. de **tahini**
1 gousse d'**ail** pelée
4 c. à s. de **yaourt à la grecque**
1 c. à s. de **rose harissa** + un peu de **harissa** pour décorer
2 c. à s. de **jus de citron**
sel et **poivre**
galettes de pain

Réservez quelques pois chiches puis mixez tous les ingrédients jusqu'à l'obtention d'une pâte onctueuse. Si elle est trop épaisse, diluez-la dans un peu d'eau chaude.

Assaisonnez l'houmous, transférez-le dans un bol de service, puis décorez-le de quelques pois chiches réservés et d'un peu de harissa. Servez avec des galettes de pain chaudes.

Pois chiches poêlés à la marocaine Égouttez 400 g de pois chiches en conserve et séchez-les avec du papier absorbant. Mettez-les dans un bol, parfumez-les avec 2 cuillerées à soupe d'épices marocaines (ras el-hanout, par exemple), puis mélangez bien le tout. Faites chauffer 2 cuillerées à soupe d'huile d'olive dans une poêle et poêlez les pois chiches pendant 5 à 6 minutes, en les remuant de temps en temps, jusqu'à ce qu'ils soient légèrement grillés. Dressez dans un bol et servez chaud ou froid.

nachos aux haricots et à la mozzarella

Pour **4 personnes**
Préparation **4 minutes**
Cuisson **3 à 4 minutes**

200 g de **tortillas** (chips)
200 g de **sauce tomate** fraîche
400 g d'assortiment de **haricots** en conserve, égouttés et rincés
200 g de **piments jalapeños verts**, émincés et égouttés
125 g de **mozzarella** râpée

Accompagnement
crème fraîche
guacamole du commerce

Placez les tortillas dans un plat allant au four. Arrosez-les de sauce tomate. Ajoutez les haricots puis les piments et la mozzarella.

Passez le tout 3 à 4 minutes sous le gril du four préchauffé à puissance élevée jusqu'à ce que le fromage soit fondu. Servez aussitôt avec de la crème fraîche et du guacamole.

Nachos au poulet et au maïs Mettez les tortillas dans un plat allant au four comme ci-dessus, arrosez-les de sauce tomate puis parsemez-les de 6 oignons de printemps hachés. Égouttez 200 g de maïs en conserve. Ajoutez le maïs et 2 blancs de poulet cuits du commerce coupés en fines lanières sur le plat de tortillas, puis saupoudrez la mozzarella râpée. Faites cuire comme ci-dessus jusqu'à ce que les nachos soient bien chauds. Servez aussitôt.

salade de chorizo aux haricots et à la tomate

Pour **4 personnes**
Préparation **6 minutes**
Cuisson **3 à 4 minutes**

250 g de **chorizo** coupé en tranches
400 g de **haricots de Lima** en conserve, égouttés et rincés
250 g de **tomates cerises**, coupées en deux
1 petit **oignon rouge**, émincé
1 c. à s. d'**huile d'olive vierge extra**
1 c. à s. de **vinaigre de xérès** ou de **vin rouge**
sel et **poivre**
1 petite poignée de **persil plat** ciselé
pain croustillant

Poêlez les tranches de chorizo 3 à 4 minutes à feu moyen, en les retournant une fois : elles doivent être bien croustillantes. Hors feu, ajoutez les haricots de Lima, les tomates cerises et l'oignon rouge.

Fouettez l'huile et le vinaigre dans un bol, puis assaisonnez la sauce à votre goût. Dressez la préparation au chorizo dans un plat de service, arrosez-la de sauce et mélangez bien le tout. Décorez de persil et servez aussitôt avec du pain croustillant.

Salade chaude de chorizo aux pois chiches et au poivron Faites griller le chorizo comme ci-dessus, puis ajoutez dans la poêle 400 g de pois chiches en conserve, égouttés. Hors feu, incorporez 250 g de poivrons rouges grillés du commerce, coupés en lanières, et 2 cuillerées à soupe de coriandre fraîche ciselée. Dressez 200 g de pousses d'épinard dans 4 assiettes de service, ajoutez la préparation aux pois chiches puis servez chaque portion garnie d'une cuillerée de yaourt à la grecque.

pâtes et riz

penne épinards, ricotta et basilic

Pour **4 personnes**
Préparation **4 minutes**
Cuisson **6 minutes**

500 g de **penne** à cuisson rapide
1 c. à s. d'**huile d'olive**
1 cuillerée à café d'**ail** haché
150 g d'**épinards** hachés
2 c. à s. de **basilic** ciselé
250 g de **ricotta**
100 ml de **vin blanc sec**
copeaux de **parmesan**
sel et **poivre**

Faites cuire les penne dans une grande casserole d'eau bouillante salée pendant 3 à 4 minutes ou selon les instructions du paquet : la cuisson doit être al dente. Égouttez-les et remettez-les dans la casserole pour les garder au chaud.

Pendant ce temps, faites chauffer l'huile dans une grande casserole et faites-y revenir l'ail pendant 2 minutes. Ajoutez les épinards et poursuivez la cuisson 1 à 2 minutes jusqu'à ce qu'ils réduisent. Ajoutez le basilic, la ricotta et le vin, assaisonnez puis prolongez la cuisson à feu doux jusqu'à ce que la ricotta ait fondu.

Mélangez les penne avec la sauce à la ricotta puis dressez dans 4 assiettes creuses. Décorez de copeaux de parmesan et de poivre noir du moulin.

Tagliatelles aux petits pois, à la ricotta et à la menthe
Faites cuire 500 g de tagliatelles fraîches et 250 g de petits pois surgelés dans une grande casserole d'eau bouillante salée en suivant les instructions du paquet. Égouttez les tagliatelles et les petits pois en réservant 2 cuillerées à soupe d'eau de cuisson, puis remettez-les dans la casserole. Incorporez 250 g de ricotta et diluez dans un peu d'eau de cuisson de sorte à obtenir une sauce onctueuse. Ajoutez le zeste finement râpé de 1 citron, 4 cuillerées à soupe de menthe ciselée et 50 g de parmesan fraîchement râpé, puis mélangez bien le tout. Relevez avec du poivre noir du moulin et servez aussitôt.

gnocchis à la sauge et aux pignons de pin

Pour **4 personnes**
Préparation **5 minutes**
Cuisson **2 à 3 minutes**

500 g de **gnocchis** (rayon frais)
50 g de **beurre**
12 feuilles de **sauge**
25 g de **pignons de pin**
poivre noir du moulin

Accompagnement
50 g de **parmesan** râpé
salade verte

Faites cuire les gnocchis dans une grande casserole d'eau bouillante salée pendant 2 à 3 minutes ou selon les instructions du paquet : les gnocchis sont cuits lorsqu'ils remontent à la surface.

Pendant ce temps, faites fondre le beurre dans une poêle à feu moyen. Quand le beurre commence à mousser, ajoutez les feuilles de sauge et les pignons de pin puis laissez-les dorer 1 à 2 minutes. Ajoutez les gnocchis et mélangez bien les ingrédients.

Dressez les pâtes dans 4 assiettes de service, décorez-les de parmesan et de poivre noir puis servez-les avec une salade verte.

Gnocchis au salami et à la sauce tomate épicée
Coupez 200 g de tranches de salami en fines lanières. Faites chauffer 1 cuillerée à soupe d'huile d'olive dans une poêle, ajoutez 1 cuillerée à café d'ail haché et les lanières de salami, puis faites revenir le tout 2 à 3 minutes. Incorporez 350 g de sauce tomate au piment du commerce. Portez à ébullition et laissez mijoter 3 à 4 minutes. Pendant ce temps, faites cuire 500 g de gnocchis frais comme ci-dessus puis égouttez-les bien. Mélangez les gnocchis et la sauce tomate. Servez aussitôt avec du parmesan fraîchement râpé.

nouilles thaïes au crabe

Pour **2 personnes**
Préparation **1 minute**
Cuisson **9 minutes**

1 c. à s. d'**huile d'arachide** ou de **tournesol**
2 c. à s. de **pâte de curry rouge thaï**
400 ml de **lait de coco**
2 c. à c. de **sauce de poisson thaïe**
1 c. à c. de **pâte de citronnelle**
2 feuilles de **kaffir fraîches** ou **séchées**
125 g de **haricots verts** équeutés, tout prêts
200 g de **nouilles aux œufs** précuites
125 g de **chair de crabe** cuite
2 c. à s. de **coriandre** ciselée, surgelée
6 feuilles de **basilic sacré**

Faites chauffer l'huile dans une poêle, faites-y revenir la pâte de curry pendant 1 minute, puis versez le lait de coco et la sauce de poisson.

Ajoutez la pâte de citronnelle, les feuilles de kaffir et les haricots verts, couvrez puis laissez mijoter environ 6 minutes jusqu'à ce que les haricots soient tendres.

Incorporez les nouilles, la chair de crabe, la coriandre et le basilic. Poursuivez la cuisson 2 minutes jusqu'à ce que les nouilles et le crabe soient bien chauds. Dressez dans 2 bols puis servez aussitôt.

Sauté de crevettes thaï au gingembre Faites chauffer 1 cuillerée à soupe d'huile dans un wok ou une grande poêle et ajoutez 200 g de crevettes tigrées crues décortiquées, 2 cuillerées à café de gingembre haché en conserve, 1 gousse d'ail écrasée, 8 oignons de printemps émincés et 1 petit piment rouge frais, épépiné et haché. Faites sauter les ingrédients pendant 2 à 3 minutes jusqu'à ce que les crevettes aient pris une couleur rose. Ajoutez 3 cuillerées à soupe de jus de citron vert, 1 cuillerée à soupe de sauce de poisson thaïe et 1 cuillerée à soupe de sauce soja claire. Laissez cuire 1 minute supplémentaire puis incorporez 2 cuillerées à soupe de coriandre fraîche ciselée. Servez aussitôt avec des nouilles aux œufs précuites.

riz sauté à la chinoise

Pour **4 personnes**
Préparation **3 minutes**
Cuisson **7 minutes**

2 gros **œufs**
2 c. à s. d'**huile de sésame**
2 c. à s. d'**huile de tournesol**
500 g de **riz** précuit
125 g de **petits pois** surgelés
125 g de **crevettes** cuites, décortiquées
125 g de **jambon fumé**, coupé en petits morceaux
4 **oignons de printemps** finement hachés
2 c. à s. de **sauce soja claire**

Dans un bol, battez les œufs en omelette avec l'huile de sésame. Faites chauffer l'huile de tournesol dans un wok ou une grande poêle, faites revenir le riz pendant 2 minutes, puis ajoutez les petits pois, les crevettes et le jambon et poursuivez la cuisson 2 à 3 minutes.

Tassez la préparation sur un côté du wok et ajoutez les œufs battus. Laissez-les saisir pendant 10 secondes, mélangez-les avec le riz, ajoutez les oignons de printemps et le sauce soja, puis laissez cuire le tout 1 minute supplémentaire. Servez aussitôt.

Riz sauté au poulet et aux noix de cajou Faites chauffer 1 cuillerée à soupe d'huile de tournesol dans un wok ou une grande poêle et faites revenir 350 g d'émincés de poulet à poêler pendant 2 à 3 minutes, puis ajoutez 75 g de noix de cajou non salées et poursuivez la cuisson 2 minutes. Ajoutez 1 botte d'oignons de printemps hachés et 100 g de pousses de soja, laissez cuire le tout 2 minutes, puis incorporez 500 g de riz précuit. Ajoutez 1 cuillerée à café de mélange 5 épices chinois, prolongez la cuisson 2 minutes, puis ajoutez 2 cuillerées à soupe de sauce soja. Laissez sur le feu jusqu'à ce que tous les ingrédients soient bien chauds. Servez aussitôt.

spaghettis à la sicilienne

Pour **4 personnes**
Préparation **4 minutes**
Cuisson **6 minutes**

500 g de **spaghettis** à cuisson rapide
100 g de **filets d'anchois à l'huile d'olive** en conserve
2 c. à c. d'**ail** haché
6 c. à s. de **persil plat** ciselé
¼ de c. à c. de **flocons de piment** (facultatif)
le jus de 3 **citrons**
poivre noir du moulin
50 g de **parmesan** râpé
roquette

Faites cuire les spaghettis dans une grande casserole d'eau bouillante non salée pendant 3 à 4 minutes, ou selon les instructions du paquet, jusqu'à ce qu'ils soient al dente. Égouttez-les et remettez-les dans la casserole pour les garder au chaud.

Pendant ce temps, égouttez l'huile d'olive des anchois dans une grande poêle à feu moyen, ajoutez l'ail, puis, au bout de 1 minute, les anchois. Faites cuire le tout 2 à 3 minutes jusqu'à ce que les anchois commencent à se ramollir et à s'émietter.

Ajoutez le persil et, éventuellement, les flocons de piment, puis le jus des citrons. Ajoutez les spaghettis, poivrez et mélangez bien le tout. Incorporez le parmesan (réservez-en un peu pour décorer). Dressez les pâtes dans 4 assiettes creuses, saupoudrez le reste de parmesan et servez aussitôt avec quelques feuilles de roquette.

Penne aux anchois, aux tomates et aux olives
Faites cuire 500 g de penne dans une grande casserole d'eau bouillante salée en suivant les instructions du paquet, égouttez-les et remettez-les dans la casserole pour les garder au chaud. Égouttez l'huile d'une boîte de 50 g d'anchois dans une poêle puis ajoutez 2 cuillerées à café d'ail haché, surgelé. Faites-le revenir 1 minute puis ajoutez les anchois et poursuivez la cuisson comme ci-dessus. Incorporez 350 g de sauce tomate, laissez mijoter le tout pendant 3 à 4 minutes, puis ajoutez 50 g d'olives noires taillées en anneaux. Versez la sauce sur les pâtes, mélangez bien et servez aussitôt avec du parmesan fraîchement râpé et des feuilles de basilic ciselées.

jambalaya aux crevettes

Pour **4 personnes**
Préparation **2 minutes**
Cuisson **8 minutes**

1 c. à s. d'**huile d'olive**
75 g de dés de **chorizo** tout prêts
1 **oignon** haché
1 c. à c. d'**ail** haché, surgelé
½ **poivron rouge**, épépiné, évidé et haché en morceaux
½ **poivron vert**, épépiné, évidé et haché en morceaux
1 c. à c. de **piment fort** en poudre
1 c. à c. de **curcuma**
1 c. à c. de mélange de **fines herbes** séchées
500 g de **riz** précuit
400 g de **tomates concassées** en conserve
150 ml de **bouillon de poulet** bouillant
350 g de **crevettes royales**, décortiquées, cuites
Tabasco
sel et **poivre**
oignons de printemps hachés

Faites chauffer l'huile dans une grande casserole, ajoutez le chorizo, l'oignon, l'ail et les poivrons puis laissez cuire le tout 2 minutes jusqu'à ce que l'oignon soit ramolli et que le chorizo ait rendu de la graisse.

Ajoutez les épices, les fines herbes puis le riz, et poursuivez la cuisson 1 minute. Incorporez les tomates concassées et le bouillon de poulet, portez à ébullition puis laissez mijoter 4 à 5 minutes.

Incorporez les crevettes et laissez bien chauffer le tout, puis salez, poivrez et ajoutez éventuellement quelques gouttes de Tabasco. Dressez dans 4 assiettes de service creuses, décorez d'oignons de printemps et servez aussitôt.

Riz au chorizo et à la tomate Faites chauffer 1 cuillerée à soupe d'huile d'olive dans une casserole et faites revenir 175 g de dés de chorizo, 1 oignon haché, 1 poivron rouge émincé et 1 cuillerée à café d'ail haché pendant 3 à 4 minutes jusqu'à ce que le chorizo ait rendu de la graisse. Ajoutez 500 g de riz précuit et 150 ml de vin blanc sec. Portez à ébullition et laissez mijoter 2 minutes. Incorporez 400 g de tomates concassées en boîte aux herbes, laissez cuire le tout 2 à 3 minutes supplémentaires, assaisonnez puis incorporez 2 cuillerées à soupe de persil ciselé. Servez aussitôt.

salade vietnamienne au poulet

Pour **4 personnes**
Préparation **7 minutes**
Cuisson **3 minutes**

150 g de **vermicelles de riz**
½ **concombre** coupé en deux dans le sens de la longueur
250 g de **blanc de poulet** cuit, coupé en lanières
2 **carottes** taillées en julienne
75 g de **pousses de haricot mungo**
4 c. à s. de **menthe** ciselée + un peu de menthe supplémentaire pour décorer
4 c. à s. de **coriandre** ciselée + un peu de coriandre supplémentaire pour décorer
50 g de **cacahuètes** grillées, concassées

Sauce
2 c. à s. de **vinaigre de vin de riz**
3 c. à s. de **sauce pimentée sucrée**
1 c. à s. de **sauce de poisson thaïe**
4 c. à s. de **jus de citron vert**

Mettez les vermicelles dans un saladier et versez de l'eau bouillante à hauteur. Laissez-les tremper 3 minutes, puis rincez-les à l'eau froide et laissez-les s'égoutter.

Pendant ce temps, retirez les graines du concombre avec une cuillère à café puis coupez-le en fines tranchettes. Mettez les tranchettes de concombre dans un bol, ajoutez le poulet, les carottes, les pousses de haricot mungo, les herbes ciselées et les cacahuètes. Ajoutez ensuite les nouilles et mélangez bien le tout.

Fouettez ensemble tous les ingrédients de la sauce, versez la sauce sur les nouilles et mélangez bien. Décorez de coriandre et de menthe puis servez.

Salade de nouilles de riz au crabe et à la mangue
Préparez les nouilles comme ci-dessus, puis mélangez-les dans un saladier avec 1 mangue pelée, dénoyautée et coupée en dés, 350 g de chair de crabe blanche égouttée, 50 g de roquette et 4 cuillerées à soupe de coriandre ciselée. Fouettez 3 cuillerées à soupe de jus de citron vert, 1 cuillerée à soupe d'huile de tournesol, ½ piment rouge épépiné haché et ½ cuillerée à café de sucre en poudre. Assaisonnez à votre goût et versez sur les nouilles.

soba au pesto asiatique

Pour **4 personnes**
Préparation **4 minutes**
Cuisson **5 à 6 minutes**

350 g de **nouilles soba**
2 tiges de **citronnelle**
2 petits **piments rouges** frais, épépinés et hachés
zeste finement râpé et **jus** de 1 **citron vert**
50 g de feuilles de **coriandre**
25 g de feuilles de **basilic**
2 c. à c. de **gingembre** haché, en conserve
1 gousse d'**ail** pelée
50 g de **cacahuètes** grillées
6 c. à s. d'**huile d'arachide**
2 c. à c. de **sauce de poisson thaïe**
quelques quartiers de **citron vert**
sel

Faites cuire les soba dans une grande casserole d'eau bouillante salée pendant 5 à 6 minutes ou selon les instructions du paquet : les nouilles doivent être al dente. Égouttez-les puis remettez-les dans la casserole pour les garder au chaud.

Pendant ce temps, jetez les feuilles externes dures de la citronnelle et hachez grossièrement le centre. Mixez la citronnelle avec les autres ingrédients, excepté l'huile et la sauce de poisson, jusqu'à l'obtention d'une pâte lisse (raclez de temps en temps les bords du mixeur avec une spatule). Sans cesser de mixer, ajoutez l'huile et la sauce de poisson.

Incorporez le pesto aux nouilles chaudes, dressez dans 4 assiettes creuses puis servez aussitôt avec des quartiers de citron vert.

Pesto de roquette Mixez 125 g de roquette, 50 g de noisettes grillées concassées, 2 gousses d'ail pelées et 50 g de parmesan râpé jusqu'à l'obtention d'un pesto fin, puis ajoutez progressivement 6 cuillerées à soupe d'huile d'olive. Assaisonnez puis servez avec des pâtes fraîches ou des gnocchis.

riz sauté thaï au poulet

Pour **4 personnes**
Préparation **3 minutes**
Cuisson **7 minutes**

2 c. à s. d'**huile d'arachide**
3 gousses d'**ail** hachées
3 **échalotes** émincées
3 petits **piments rouges** frais finement hachés
2 **poivrons rouges** épépinés, évidés et hachés en petits dés
250 g de **viande de poulet** hachée
3 c. à s. de **sauce de poisson thaïe**
½ c. à c. de **sucre de canne** ou de **sucre roux**
2 c. à s. de **sauce soja claire**
500 g de **riz** précuit
1 grosse poignée de **basilic sacré**

À feu vif, faites chauffer l'huile dans un wok jusqu'à ce qu'elle commence à frémir. Faites revenir l'ail, les échalotes, les piments et les poivrons rouges pendant 30 secondes, puis ajoutez le poulet, la sauce de poisson, le sucre et la sauce soja.

Faites sauter le tout pendant 3 à 4 minutes, en émiettant le hachis de poulet avec une spatule jusqu'à ce que la viande soit cuite et légèrement grillée.

Ajoutez le riz et le basilic puis prolongez la cuisson en remuant jusqu'à ce que les ingrédients soient bien chauds. Servez aussitôt.

Riz sauté au porc et aux fines herbes Hachez 200 g de viande de porc maigre en petits dés. Suivez la recette ci-dessus en remplaçant le poulet par du porc, en réduisant par 2 la quantité de basilic, et en ajoutant 1 poignée de feuilles de coriandre et 6 feuilles de menthe ciselées.

nouilles épicées au poulet, sauce satay

Pour **2 personnes**
Préparation **4 minutes**
Cuisson **6 minutes**

1 c. à s. d'**huile de tournesol**
1 c. à c. de **gingembre** haché, en conserve
150 g de **poulet** cuit du commerce, coupé en dés
4 **oignons de printemps** émincés
75 g de **pousses de haricot mungo**
300 g de **nouilles aux œufs** précuites
quelques feuilles de **coriandre**

Sauce satay
4 c. à s. de **beurre de cacahuète**
2 c. à s. de **sauce pimentée sucrée**
2 c. à s. de **sauce soja foncée**
2 c. à s. de jus de **citron vert**
100 ml d'**eau**

Dans un bol, fouettez tous les ingrédients de la sauce, excepté l'eau.

Faites chauffer l'huile dans un wok ou une grande poêle, puis faites revenir le gingembre pendant 1 minute. Ajoutez le poulet, les oignons de printemps et les pousses de haricot mungo, laissez cuire 2 minutes supplémentaires, puis ajoutez les nouilles et poursuivez la cuisson 1 minute.

Versez la sauce satay et l'eau dans les nouilles, mélangez bien puis laissez sur le feu jusqu'à ce que les nouilles épicées soient bien chaudes. Servez aussitôt et décorez avec quelques feuilles de coriandre.

Salade de nouilles épicées à la crevette Préparez une sauce en mélangeant 2 cuillerées à soupe de beurre de cacahuète, 1 cuillerée à café d'huile de sésame, 1 cuillerée à soupe de sauce pimentée et 2 cuillerées à soupe d'eau bouillante. Dans un saladier, mélangez 200 g de crevettes décortiquées cuites, 300 g de nouilles asiatiques cuites du commerce, 2 oignons de printemps émincés, 50 g de haricots mange-tout coupés en deux et ½ poivron rouge taillé en lanières. Ajoutez la sauce et mélangez bien. Décorez avec 1 poignée de cacahuètes grillées concassées. Servez.

risotto d'orzo à la pancetta et aux petits pois

Pour **4 personnes**
Préparation **1 minute**
Cuisson **9 minutes**

900 ml de **bouillon de légumes** ou de **poulet** bouillant
350 g d'**orzo**
15 g de **beurre**
1 c. à c. d'**ail** haché, surgelé
150 g de **pancetta** coupée en dés, du commerce
200 g de **petits pois** surgelés
1 poignée de **persil plat** ciselé
75 g de **parmesan** râpé
sel et **poivre**

Portez le bouillon à ébullition puis ajoutez l'orzo.

Pendant ce temps, faites fondre le beurre dans une petite poêle et faites revenir l'ail et la pancetta pendant 2 minutes jusqu'à ce que la pancetta soit légèrement grillée.

Ajoutez la pancetta, l'ail et les petits pois dans la casserole d'orzo. À feu modéré, poursuivez la cuisson 7 minutes environ jusqu'à ce que l'orzo soit al dente, en remuant de temps en temps pour empêcher les pâtes de coller et en ajoutant un peu d'eau si nécessaire.

Assaisonnez, incorporez le persil et le parmesan, en en réservant un peu, et mélangez bien le tout. Servez et décorez avec le reste de parmesan et un peu de poivre du moulin.

Risotto d'orzo au chèvre, à la pancetta et à la sauge
Faites cuire l'orzo dans du bouillon comme ci-dessus. Pendant ce temps, faites revenir 1 oignon rouge émincé, l'ail et la pancetta dans du beurre jusqu'à ce que l'oignon ait ramolli, puis ajoutez le tout à l'orzo. Lorsque les pâtes sont al dente, incorporez 125 g de fromage de chèvre frais, 2 cuillerées à soupe de sauge ciselée et 50 g de parmesan fraîchement râpé. Salez, décorez de poivre noir du moulin et servez aussitôt.

soupe miso aux nouilles et au poulet

Pour **4 personnes**
Préparation **2 minutes**
Cuisson **8 minutes**

900 ml de **bouillon de poulet** bouillant
40 g de **préparation pour soupe miso** en sachet ou 2 c. à s. de **pâte de miso**
2 c. à c. de **gingembre** haché, en conserve
4 **oignons de printemps** taillés en lanières
1 **carotte** taillée en julienne
4 **mini pak choy** coupés en deux
200 g de **blanc de poulet** cuit, du commerce taillé en lamelles
300 g de **nouilles aux œufs** cuites, du commerce

Mélangez le bouillon de poulet, la préparation pour soupe miso et le gingembre dans une casserole, ramenez à ébullition puis laissez mijoter 2 minutes.

Ajoutez les oignons de printemps, la carotte, les pak choy et le poulet puis laissez mijoter le tout 3 à 4 minutes supplémentaires.

Incorporez les nouilles et poursuivez la cuisson 2 minutes jusqu'à ce que tous les ingrédients soient bien chauds. Dressez dans 4 bols et servez aussitôt.

Soupe miso aux nouilles et au tofu Dans une casserole, dissolvez 1½ cuillerée à café de dashi en granules dans 1,2 l d'eau bouillante ou de bouillon de poulet, puis ajoutez 40 g de pâte de miso et 1 cuillerée à soupe de wakame (algues séchées) puis portez à ébullition. Ajoutez 200 g de nouilles aux œufs précuites du commerce et 250 g de tofu taillé en dés, laissez mijoter 2 à 3 minutes, puis ajoutez 2 cuillerées à soupe d'oignons de printemps hachés. Dressez dans 4 bols et servez aussitôt.

riz cantonnais aux crevettes

Pour **2 ou 3 personnes**
Préparation **3 minutes**
Cuisson **7 minutes**

4 **œufs**
1½ c. à s. d'**huile de sésame**
2 c. à c. de **sauce soja claire**
1 c. à s. d'**huile d'arachide**
125 g de **crevettes** crues, décortiquées
125 g de **jambon** coupé en lanières
1 c. à s. de **gingembre** haché, en conserve
2 gousses d'**ail** écrasées
5 **oignons de printemps** émincés
300 g de **riz** précuit
sel

Cassez les œufs dans un saladier, ajoutez 1 cuillerée à café d'huile de sésame, la sauce soja et 1 pincée de sel, fouettez légèrement.

À feu vif, faites chauffer la moitié de l'huile d'arachide dans un wok ou une grande poêle jusqu'à ce qu'elle commence à frémir. Versez les œufs battus dans le wok, laissez-les cuire 30 à 60 secondes en les remuant avec une spatule, de sorte à faire des œufs brouillés, puis retirez-les du wok et réservez-les.

Remettez le wok sur le feu, faites chauffer le reste d'huile d'arachide puis faites sauter les crevettes, le jambon, le gingembre et l'ail pendant 1 minute jusqu'à ce que les crevettes deviennent roses. Ajoutez les oignons de printemps, le riz, les œufs et le reste d'huile de sésame, puis faites revenir les ingrédients pendant 3 minutes environ jusqu'à ce qu'ils soient bien chauds. Assaisonnez et servez aussitôt.

Riz sauté au poulet Suivez la recette principale en omettant les crevettes et le jambon. Faites cuire les œufs comme ci-dessus, retirez-les du wok, puis faites-y chauffer 1 cuillerée à soupe d'huile d'arachide et faites revenir pendant 2 à 3 minutes le gingembre, l'ail et 250 g de blancs de poulet hachés en petits dés. Ajoutez 2 cuillerées à soupe de sauce d'huître, poursuivez la cuisson 1 minute. Ajoutez les oignons de printemps et le riz puis suivez la recette ci-dessus.

kedgeree d'aiglefin fumé

Pour **4 personnes**
Préparation **3 minutes**
Cuisson **6 à 7 minutes**

450 g de **filets d'aiglefin fumés**
1 c. à s. d'**huile de tournesol**
15 g de **beurre**
4 c. à c. de **curry doux** en poudre
500 g de **riz** précuit
2 c. à s. de **jus de citron**
2 c. à s. de **persil** ciselé, surgelé
4 **œufs**

Mettez le poisson dans une casserole, couvrez-le d'eau bouillante et faites-le cuire 3 minutes à feu moyen.

Pendant ce temps, faites chauffer l'huile et le beurre dans une grande poêle, faites revenir le curry en poudre pendant 1 minute, puis ajoutez le riz et poursuivez la cuisson 2 minutes.

Retirez le poisson de la poêle et émiettez-le en gros morceaux, en retirant la peau et les éventuelles arêtes. Incorporez au riz les morceaux de poisson, 3 cuillerées à soupe de jus de cuisson, le jus de citron et le persil.

Faites 4 trous dans le riz, cassez les œufs dans ces trous, couvrez la poêle d'un couvercle et laissez cuire à feu doux pendant 2 à 3 minutes jusqu'à ce que les blancs d'œufs soient juste pris. Servez aussitôt.

Curry de riz aux légumes Faites chauffer 1 cuillerée à soupe d'huile dans un wok ou une grande poêle et faites blondir 1 oignon haché pendant 2 à 3 minutes. Ajoutez 2 cuillerées à soupe de pâte de curry tikka, puis 350 g d'assortiment de légumes surgelés. Faites cuire le tout 2 minutes, ajoutez 500 g de riz précuit puis 150 ml de bouillon de légumes bouillant, couvrez et laissez mijoter 4 minutes jusqu'à ce que les légumes soient tendres. Incorporez 3 cuillerées à soupe de yaourt nature au lait entier et 4 cuillerées à soupe de coriandre ciselée, assaisonnez puis servez aussitôt avec un chutney à la mangue.

capellinis aux tomates cerises et au basilic

Pour **4 personnes**
Préparation **2 minutes**
Cuisson **8 minutes**

2 c. à s. d'**huile d'olive**
1 **oignon** finement haché
1 c. à c. d'**ail** haché, surgelé
500 g de petites **tomates cerises**
1 c. à c. de **sucre**
1 c. à c. de **vinaigre balsamique**
10 feuilles de **basilic** ciselées en lanières
350 g de **capellinis**
sel et **poivre**

Accompagnement
parmesan fraîchement râpé
roquette

Faites chauffer l'huile dans une grande poêle et faites blondir l'oignon et l'ail pendant 2 à 3 minutes. Ajoutez les tomates cerises, le sucre et le vinaigre, et laissez cuire les ingrédients 5 minutes, en remuant de temps en temps, jusqu'à ce que les tomates soient ramollies et commencent à s'affaisser. Écrasez quelques tomates avec le dos d'une cuillère, assaisonnez puis incorporez le basilic.

Pendant ce temps, faites cuire les capellinis al dente dans une grande casserole d'eau bouillante légèrement salée, en suivant les instructions du paquet.

Égouttez-les et mélangez-les avec la sauce. Servez aussitôt avec du parmesan et de la roquette.

Penne à la sauce crémeuse tomate courgette Faites chauffer 1 cuillerée à soupe d'huile d'olive dans une poêle et faites revenir pendant 2 à 3 minutes 2 courgettes coupées en morceaux et 1 cuillerée à soupe d'ail haché, surgelé. Ajoutez 200 g de mascarpone, poursuivez la cuisson en remuant jusqu'à ce que le mascarpone ait fondu, puis ajoutez 200 ml de purée de tomates aux fines herbes. Assaisonnez et laissez mijoter 2 à 3 minutes. Pendant ce temps, faites cuire 500 g de penne al dente en suivant les instructions du paquet. Égouttez-les bien puis incorporez-les à la sauce. Décorez de poivre noir du moulin et servez aussitôt.

riz sauté aux œufs

Pour **2 personnes**
Préparation **3 minutes**
Cuisson **3 à 4 minutes**

2 c. à s. d'**huile d'arachide**
4 **œufs**
2 c. à c. de **gingembre** haché, en conserve
1½ c. à s. de **sauce soja claire**
300 g de **riz** précuit
2 **oignons de printemps** émincés
¼ de c. à c. d'**huile de sésame**

À feu vif, faites chauffer l'huile d'arachide dans un wok ou une grande poêle jusqu'à ce qu'elle commence à frémir. Pendant ce temps, battez les œufs en omelette avec le gingembre et la moitié de la sauce soja.

Versez les œufs battus dans le wok et faites-les cuire 30 à 60 secondes en les mélangeant avec une spatule de sorte à obtenir des œufs brouillés. Ajoutez le riz, les oignons de printemps, l'huile de sésame et le reste de sauce soja, puis faites sauter les ingrédients 1 à 2 minutes jusqu'à ce qu'ils soient bien chauds. Servez aussitôt.

Riz sauté au chou chinois et au piment Suivez la recette ci-dessus. À la fin, ajoutez 1 piment rouge frais taillé en anneaux et 125 g de chou chinois taillé en fines lanières, et poursuivez la cuisson 30 secondes. Servez aussitôt.

viandes

escalopes panées au parmesan et au basilic

Pour **2 personnes**
Préparation **4 minutes**
Cuisson **6 minutes**

2 **escalopes de poulet** d'environ 0,5 cm d'épaisseur
4 c. à s. de **farine**
25 g de **chapelure**
25 g de **parmesan** râpé
2 c. à s. de **basilic** ciselé
1 **œuf** battu
1 c. à s. d'**huile d'olive**
sel et **poivre**

Accompagnement
salade verte
quartiers de **citron**

Assaisonnez le poulet et farinez-le des deux côtés, puis secouez-le pour faire tomber l'excédent de farine.

Mélangez la chapelure, le parmesan et le basilic dans une assiette creuse. Mettez l'œuf battu dans une autre assiette creuse.

Plongez les deux côtés des escalopes dans l'œuf battu, puis dans le mélange de parmesan et de chapelure de façon à les enrober uniformément.

Pendant ce temps, faites chauffer l'huile dans une poêle. Lorsqu'elle est bien chaude, poêlez les escalopes 3 minutes de chaque côté jusqu'à ce qu'elles soient dorées et cuites à point. Servez aussitôt avec une salade verte et des quartiers de citron.

Escalopes à la sauce aux câpres Faites chauffer 1 cuillerée à soupe d'huile dans une poêle. Assaisonnez 2 escalopes de poulet de poivre noir du moulin et faites-les revenir 3 minutes de chaque côté jusqu'à ce qu'elles soient cuites à point. Retirez-les de la poêle et gardez-les au chaud. Versez 100 ml de bouillon de poulet bouillant et 50 ml de vin blanc sec dans la poêle, portez à ébullition et laissez le liquide cuire à gros bouillons pendant 1 minute. Retirez du feu et, en mélangeant les ingrédients au batteur, ajoutez 15 g de beurre et 1 cuillerée à soupe de câpres. Assaisonnez la sauce et versez-la sur les escalopes. Servez avec du riz précuit.

steaks au poivre sauce marsala

Pour **2 personnes**
Préparation **1 minute**
Cuisson **6 à 9 minutes**

1 c. à c. d'**huile de tournesol**
15 g de **beurre**
1 c. à s. de mélange de **grains de poivre** écrasés
2 **faux-filets** ou 2 **rumstecks** d'environ 1 cm d'épaisseur
125 g de **champignons** émincés, du commerce
2 c. à s. de **vin de marsala**
6 c. à s. de **crème fraîche**
sel
haricots mange-tout pour servir

Faites chauffer l'huile et le beurre dans une poêle. Frottez les deux côtés des faux-filets avec les grains de poivre de sorte à les couvrir uniformément.

Lorsque la poêle est bien chaude, mettez les champignons et les faux-filets dans la poêle, puis saisissez les faux-filets 2 minutes de chaque côté pour une viande saignante, 3 à 4 minutes de chaque côté pour une viande à point à bien cuite. Retirez les faux-filets de la poêle et gardez-les au chaud.

Versez le vin de marsala dans la poêle, laissez-le cuire 1 minute, puis ajoutez la crème fraîche et poursuivez la cuisson sur feu doux jusqu'à épaississement. Salez, arrosez les faux-filets de sauce puis servez avec des haricots mange-tout.

Steaks sauce au bleu Mélangez 50 g de fromage bleu crémeux (gorgonzola), 1 cuillerée à soupe de crème fraîche allégée et 1 cuillerée à soupe de ciboulette ciselée. Assaisonnez les deux côtés des faux-filets de poivre noir du moulin et déposez-les sur une plaque de cuisson. Faites griller les faux-filets sous le gril du four préchauffé à puissance forte pendant 3 à 4 minutes, en fonction de la cuisson désirée. Retournez-les et faites-les griller 2 à 3 minutes supplémentaires de l'autre côté. Tartinez le dessus de sauce au bleu et poursuivez la cuisson 1 minute jusqu'à ce que le fromage ait fondu. Dressez les steaks sur des assiettes et arrosez-les des jus de cuisson, s'il y en a. Servez avec une purée de pommes de terre.

filets de porc sauce au cidre et à la pomme

Pour **2 personnes**
Préparation **3 minutes**
Cuisson **7 minutes**

1 c. à s. d'**huile végétale**
15 g de **beurre**
250 g de **filet de porc** débité en tranches de 1 cm d'épaisseur
1 **pomme** épépinée et coupée en fins quartiers
150 ml de **cidre** (ou de **jus de pomme**)
4 c. à s. de **crème fraîche**
6 feuilles de **sauge** ciselées
sel et **poivre**
riz précuit pour servir

Faites chauffer l'huile et le beurre dans une poêle à feu vif puis saisissez les filets de porc 1 à 2 minutes de chaque côté.

Ajoutez les quartiers de pomme et le cidre, portez à ébullition et, sans couvrir, laissez mijoter 5 minutes jusqu'à ce que le liquide ait réduit et que le porc soit cuit à point.

Incorporez la crème fraîche et la sauge, assaisonnez puis laissez mijoter 1 minute supplémentaire jusqu'à ce que les ingrédients soient bien chauds. Servez avec du riz.

Porc à la cantonaise Débitez 250 g de filet de porc en fines tranches. Mélangez dans un bol 1 cuillerée à café d'ail haché surgelé, 3 cuillerées à soupe de sauce hoisin, 2 cuillerées à soupe de sauce soja foncée, 1 cuillerée à soupe de xérès, 1 cuillerée à soupe de miel et ½ cuillerée à café d'huile de sésame. À feu vif, faites chauffer 1 cuillerée à soupe d'huile dans un wok et faites dorer les tranches de porc. Versez la sauce, laissez mijoter 3 minutes, puis ajoutez 1 botte d'oignons de printemps émincés et 100 g de concombre taillé en allumettes. Laissez bien chauffer le tout et servez aussitôt avec du riz précuit.

salade au poulet fumé

Pour **4 personnes**
Préparation **8 minutes**
Cuisson **1 à 2 minutes**

50 g de **graines de potiron**
300 g de **blancs de poulet fumés** sans la peau, coupés en petits morceaux
2 **oignons rouges**, émincés et rincés à l'eau
150 g de **tomates cerises** coupées en deux
75 g de **mesclun**
pain croustillant pour servir

Sauce
1 **avocat** pelé, dénoyauté et taillé en dés
2 c. à s. de **jus de citron vert**
1 c. à s. de **moutarde de Dijon**
sel et **poivre**

Faites chauffer une petite poêle et faites griller à sec les graines de potiron pendant 1 à 2 minutes, en remuant de temps en temps.

Pour préparer la sauce, mixez tous les ingrédients de la sauce au robot jusqu'à l'obtention d'une préparation onctueuse. Assaisonnez à votre convenance.

Dans un saladier, mélangez le poulet, les oignons, les tomates, les graines de potiron et le mesclun. Arrosez la salade de sauce et servez-la avec du pain croustillant.

Salade de rigatonis au poulet fumé et au brocoli
Faites cuire 250 g de rigatonis à l'eau bouillante légèrement salée en suivant les instructions du paquet. Ajoutez 250 g de brocoli cassé en petits bouquets 3 minutes avant la fin de la cuisson. Égouttez-les, rincez-les à l'eau froide pour les refroidir, puis égouttez-les de nouveau. Préparez une salade comme ci-dessus en omettant les graines de potiron et le mesclun, et en ajoutant les pâtes et le brocoli. Préparez une sauce comme ci-dessus. Dressez le mesclun dans 4 assiettes creuses, ajoutez la salade de pâtes et arrosez de sauce.

agneau sauté au gingembre et à l'ail

Pour **4 personnes**
Préparation **3 minutes**
Cuisson **6 minutes**

500 g d'**agneau** taillé en lanières
1 c. à s. de **vin de riz chinois** ou de **xérès** sec
2 c. à s. de **sauce soja foncée**
1 c. à c. d'**huile de sésame**
2 c. à c. d'**ail** haché, surgelé
2 c. à c. de **gingembre** haché, en conserve
2 c. à c. de **farine de maïs**
1 c. à s. d'**huile de tournesol**
6 **oignons de printemps** taillés dans le sens de la longueur
pâtes précuites pour servir

Mettez les lanières d'agneau, le vin de riz, la sauce soja, l'huile de sésame, l'ail, le gingembre et la farine de maïs dans un bol, et mélangez bien les ingrédients.

Faites chauffer l'huile dans un wok ou une grande poêle à feu vif. Quand elle est bien chaude, ajoutez l'agneau et sa sauce puis faites sauter le tout 2 à 3 minutes jusqu'à ce que les ingrédients soient légèrement grillés.

Ajoutez les oignons de printemps et poursuivez la cuisson 2 à 3 minutes jusqu'à ce que la sauce enrobe bien la viande. Servez aussitôt avec des pâtes.

Agneau grillé aux herbes et à l'ail Mélangez 1 cuillerée à café d'ail haché surgelé, 2 cuillerées à soupe d'huile d'olive, 2 cuillerées à soupe de jus de citron, 1 cuillerée à café d'origan séché et 1 cuillerée à café de thym. Mettez 4 steaks d'agneau dans la sauce et mélangez bien. Faites chauffer une poêle-gril sur feu fort puis faites griller l'agneau 3 à 4 minutes de chaque côté. Servez avec du mesclun.

poulet thaï à la citronnelle

Pour **4 personnes**
Préparation **2 minutes**
Cuisson **7 à 8 minutes**

- 2 tiges de **citronnelle**
- 400 ml de **lait de coco**
- 1 c. à c. d'**ail** haché, surgelé
- 2 c. à c. de **gingembre** haché, en conserve
- 2 c. à c. de **piment rouge** haché, en conserve
- 2 c. à c. de **sucre de canne** ou de **sucre roux**
- 6 feuilles de **kaffir**
- 2 c. à c. de **sauce de poisson thaïe**
- 500 g d'**émincés de poulet** à poêler
- 2 c. à s. de **jus de citron vert**
- 1 poignée de feuilles de **coriandre** ou de **basilic** frais

Débarrassez les tiges de citronnelle des feuilles externes dures et taillez la partie centrale en allumettes de 2,5 cm de longueur. Mélangez les morceaux de citronnelle, le lait de coco, l'ail, le gingembre, le piment, le sucre, les feuilles de kaffir et la sauce de poisson dans une grande casserole.

Portez à ébullition puis réduisez le feu. Ajoutez le poulet, couvrez partiellement d'un couvercle et laissez mijoter 6 à 7 minutes.

Ajoutez le jus de citron vert et les fines herbes puis servez.

Curry de poulet massaman Coupez 350 g de petites pommes de terre nouvelles en petits dés et faites-les cuire dans une casserole d'eau bouillante salée pendant 4 minutes jusqu'à ce qu'elles soient tendres. Pendant ce temps, faites chauffer 1 cuillerée à soupe d'huile dans une casserole et faites cuire 500 g d'émincés de poulet et 3 cuillerées à soupe de pâte de curry massaman pendant 3 à 4 minutes jusqu'à ce que le poulet soit légèrement grillé. Ajoutez 400 ml de lait de coco, 2 feuilles de kaffir et 1 cuillerée à café de sauce de poisson thaïe. Portez à ébullition, ajoutez les pommes de terre, couvrez et laissez mijoter 5 minutes. Décorez avec 1 grosse poignée de cacahuètes non salées puis servez.

hachis de porc à l'aigre-douce

Pour **4 personnes**
Préparation **1 minute**
Cuisson **8 à 9 minutes**

1 c. à s. d'**huile de tournesol**
500 g de **viande de porc** maigre, hachée
1 **oignon** haché
225 g d'**ananas** en morceaux, en conserve, dans son jus
1 **poivron rouge** épépiné, évidé et haché en morceaux
pâtes précuites

Sauce
4 c. à s. de **ketchup**
1 c. à s. de **gingembre** haché
2 c. à c. de **farine de maïs**
2 c. à s. de **sauce soja foncée**
2 c. à s. de **vinaigre de malt** ou de **vinaigre de vin de riz**
1 c. à s. de **sucre de canne** ou de **sucre roux**

Faites chauffer l'huile dans un wok ou une grande poêle à feu vif, ajoutez le porc et l'oignon, et faites-les sauter environ 4 minutes jusqu'à ce que le porc soit cuit à point.

Pendant ce temps, égouttez l'ananas et réservez le jus. Fouettez le jus d'ananas avec les autres ingrédients de la sauce. Réservez.

Ajoutez le poivron et l'ananas dans le wok, poursuivez la cuisson 2 à 3 minutes, puis versez la sauce. Laissez cuire le tout en remuant constamment jusqu'à épaississement de la sauce. Servez aussitôt avec des pâtes.

Hachis de porc épicé à la mode de Bombay
Coupez 200 g de petites pommes de terre nouvelles en dés de 1 cm de côté et faites-les cuire 4 minutes à l'eau bouillante légèrement salée. Pendant ce temps, sur feu élevé, faites chauffer 1 cuillerée à soupe d'huile dans un grand wok ou une grande poêle puis ajoutez 1 oignon haché et 500 g de viande de porc hachée. Laissez cuire le tout 3 à 4 minutes, puis ajoutez 3 cuillerées à soupe de pâte de curry moyen, les pommes de terre, 225 g de tomates concassées en boîte, 200 g de petits pois surgelés et 150 ml de bouillon de poulet bouillant. Portez à ébullition, réduisez le feu, couvrez et laissez mijoter 4 minutes en remuant de temps en temps. Assaisonnez à votre goût et servez avec des naans.

curry rouge de bœuf à la thaïe

Pour **4 personnes**
Préparation **2 minutes**
Cuisson **8 minutes**

1 c. à s. d'**huile d'arachide**
625 g de **viande de bœuf** taillée en grosses lamelles
2 c. à s. de **pâte de curry rouge thaï**
400 ml de **lait de coco**
150 ml de **bouillon de bœuf**
1 c. à s. de **sucre de canne** ou de **sucre roux**
1 c. à s. de **gingembre** haché, en conserve
1 tige de **citronnelle** écrasée
100 g de **haricots mange-tout** coupés en deux, en diagonale
100 g de **pousses de haricot mungo**
1 c. à s. de **sauce de poisson thaïe**
1 c. à s. de **jus de citron vert**
1 petite poignée de **coriandre** fraîche

Faites chauffer l'huile dans un wok ou une grande poêle à feu vif. Ajoutez les lamelles de bœuf et la pâte de curry, et faites sauter le tout 2 minutes environ jusqu'à ce que le bœuf soit légèrement grillé.

Ajoutez le lait de coco, le bouillon, le sucre, le gingembre, la citronnelle, les haricots mange-tout, les pousses de haricot mungo, la sauce de poisson et le jus de citron vert. Portez à ébullition, réduisez le feu et laissez mijoter 2 minutes jusqu'à ce que les haricots soient tendres.

Retirez la citronnelle, décorez de coriandre puis servez.

Curry rouge de légumes à la thaïe Suivez la recette ci-dessus en remplaçant le bœuf par 1 aubergine taillée en dés, 12 mini épis de maïs et 25 g de pousses de bambou en conserve, égouttées. Faites sauter la pâte de curry dans l'huile 1 minute, puis ajoutez les légumes et les autres ingrédients comme ci-dessus. Laissez mijoter 7 minutes environ jusqu'à ce que l'aubergine soit tendre.

salade de canard aux fèves de soja

Pour **4 personnes**
Préparation **6 minutes**
Cuisson **3 à 4 minutes**

200 g de **fèves de soja** fraîches ou surgelées
500 g de **canard à la pékinoise**
1 **concombre** taillé en allumettes
5 **oignons de printemps** taillés en allumettes + un peu pour décorer
poivre du Sichuan

Sauce
2 c. à s. de **sauce hoisin**
4 c. à s. de **sauce soja foncée**
3 c. à s. de **jus de citron vert**

Faites cuire les fèves de soja dans une casserole d'eau bouillante salée pendant 3 à 4 minutes, ou selon les instructions du paquet. Égouttez-les, passez-les sous l'eau froide, puis égouttez-les de nouveau.

Mélangez le canard, les fèves de soja, le concombre et les oignons de printemps dans un saladier.
Pour préparer la sauce, fouettez tous les ingrédients ensemble.

Arrosez la salade de sauce et mélangez délicatement. Décorez d'oignons de printemps et d'un peu de poivre du Sichuan, puis servez aussitôt.

Salade de saumon poché aux haricots verts
Faites cuire 300 g de haricots verts dans une casserole d'eau bouillante salée pendant 3 à 4 minutes. Égouttez-les, passez-les sous l'eau froide, puis égouttez-les de nouveau. Pendant ce temps, dans une casserole d'eau bouillante salée, faites cuire 3 filets de saumon (sans peau et sans arêtes, d'environ 175 g chacun) pendant 3 à 4 minutes : ils doivent être cuits à l'extérieur mais encore rosés au centre. Émiettez le saumon dans un saladier, ajoutez les haricots verts, ½ concombre taillé en petits dés et 75 g de roquette, et mélangez délicatement les ingrédients. Fouettez 2 cuillerées à soupe de sauce pimentée sucrée, 2 cuillerées à soupe de sauce soja et 3 cuillerées à soupe de jus de citron vert, arrosez la salade de cette sauce et servez aussitôt.

steaks de jambon fumé à l'ananas

Pour **2 personnes**
Préparation **1 minute**
Cuisson **9 minutes**

8 **steaks de jambon fumé**, d'environ 200 g chacun
2 tranches d'**ananas**, en conserve
mesclun pour servir

Chapelure au gruyère
6 c. à s. de **chapelure**
50 g de **gruyère** râpé
15 g de **beurre** fondu
2 c. à s. de **persil plat** ciselé

Disposez les steaks de jambon sur une plaque de cuisson, entaillez les bords à intervalles réguliers pour les empêcher de se replier, puis faites-les griller 5 minutes sous le gril du four préchauffé.

Pendant ce temps, mélangez tous les ingrédients de la chapelure au gruyère dans un bol.

Retournez les steaks et déposez une tranche d'ananas sur chacun d'eux. Remettez-les sous le gril, faites-les cuire 2 minutes supplémentaires, puis ajoutez la chapelure au gruyère et poursuivez la cuisson 2 minutes jusqu'à ce que la chapelure soit dorée. Servez avec du mesclun.

Steaks de jambon fumé à la moutarde et au sirop d'érable Mélangez 2 cuillerées à soupe de sirop d'érable et 2 cuillerées à soupe de moutarde à l'ancienne. Étalez la moitié de cette préparation sur une face de 2 steaks de jambon fumé et faites-les cuire 5 minutes sous le gril du four préchauffé. Retournez les steaks et étalez le reste de préparation sur l'autre face. Poursuivez la cuisson 4 minutes jusqu'à ce que le dessus soit brillant et collant. Pendant ce temps, faites chauffer 1 cuillerée à soupe d'huile de tournesol dans une poêle, cassez 2 gros œufs dans la poêle et faites-les cuire 2 à 3 minutes. Servez les steaks de jambon avec les œufs au plat et du pain croustillant.

poulet au paprika et à la crème

Pour **4 personnes**
Préparation **1 minute**
Cuisson **9 minutes**

15 g de **beurre**
1 c. à s. d'**huile de tournesol**
500 g d'**émincés de poulet** à poêler
1 **poivron rouge**, évidé et taillé en lanières
2 c. à c. de **paprika** doux
100 ml de **xérès mi-sec**
2 c. à c. de **purée de tomates**
4 c. à s. de **crème fraîche**
1 c. à s. de **persil** ciselé, surgelé
sel et **poivre**
riz précuit pour servir

Faites chauffer l'huile et le beurre dans une poêle et saisissez les émincés de poulet pendant 3 minutes à feu vif jusqu'à ce qu'ils soient légèrement grillés.

Ajoutez les lanières de poivron rouge et le paprika, poursuivez la cuisson 2 minutes, puis ajoutez le xérès et la purée de tomates, portez à ébullition et laissez mijoter 2 à 3 minutes.

Incorporez la crème fraîche et le persil, assaisonnez puis laissez sur le feu jusqu'à ce que ce soit bien chaud. Servez avec du riz.

Penne au poulet, à la crème et au pesto Faites cuire 500 g de penne dans une casserole d'eau bouillante salée selon les instructions du paquet. Pendant ce temps, faites chauffer 1 cuillerée à soupe d'huile d'olive dans une poêle et faites dorer 500 g d'émincés de poulet pendant 3 minutes. Ajoutez le zeste finement râpé de 1 citron, le jus de 2 citrons et 2 cuillerées à soupe de pesto frais du commerce. Laissez mijoter le tout 1 minute, ajoutez 3 cuillerées à soupe de crème fraîche, couvrez et laissez mijoter 3 à 4 minutes. Égouttez les pâtes, incorporez-les à la sauce au poulet puis assaisonnez à votre goût. Servez aussitôt.

saltimbocca

Pour **2 personnes**
Préparation **3 minutes**
Cuisson **7 minutes**

6 feuilles de **sauge**
2 **escalopes de veau**, d'environ 125 g chacune
4 tranches de **jambon de Parme**
1 c. à s. d'**huile d'olive**
125 ml de **bouillon de poulet**
le **jus** de 2 **citrons**
sel et **poivre**
haricots verts

Déposez 3 feuilles de sauge sur chaque escalope, poivrez-les, puis enveloppez chaque escalope dans 2 tranches de jambon.

Faites chauffer l'huile dans une poêle et saisissez les escalopes à feu vif 2 minutes de chaque côté jusqu'à ce que le jambon soit grillé. Dressez les escalopes sur un plat de service chaud.

Versez le bouillon dans la poêle et portez à ébullition en remuant bien et en raclant le fond pour récupérer les jus de cuisson de la viande. Quand le bouillon a réduit de moitié, ajoutez le jus des citrons et laissez mijoter 1 minute. Assaisonnez, arrosez les escalopes de sauce puis servez, accompagné de haricots verts.

Veau stroganoff Taillez les escalopes de veau en lanières. Faites chauffer 1 cuillerée à soupe d'huile dans une poêle et saisissez le veau avec 1 cuillerée à café d'ail haché surgelé pendant 2 minutes. Ajoutez 125 g de champignons émincés et laissez cuire le tout 3 minutes supplémentaires. Incorporez 150 ml de crème fraîche et 1 cuillerée à café de moutarde de Dijon. Laissez mijoter 3 à 4 minutes, puis ajoutez 2 cuillerées à soupe de persil ciselé. Assaisonnez puis servez aussitôt avec du riz.

vol-au-vent à la saucisse

Pour **4 personnes**
Préparation **2 minutes**
Cuisson **8 minutes**

1 c. à s. d'**huile de tournesol**
24 petites **saucisses cocktail**
250 g de petites **pommes de terre nouvelles** taillées en dés de 1,5 cm de côté
8 **croûtes en pâte feuilletée** pour vol-au-vent
2 c. à s. d'**oignons frits**
4 c. à c. de **fond de sauce**
300 ml d'**eau** bouillante
sel
petits pois surgelés

Préchauffez le four à 200 °C. Faites chauffer l'huile dans une poêle puis faites-y revenir les saucisses 7 à 8 minutes, en les retournant de temps en temps, jusqu'à ce qu'elles soient bien grillées.

Faites cuire les pommes de terre dans une casserole d'eau bouillante légèrement salée pendant 5 à 6 minutes jusqu'à ce qu'elles soient tendres. Réchauffez les croûtes feuilletées au four préchauffé pendant 3 à 4 minutes, ou selon les instructions du paquet.

Mettez les oignons frits et le fond de sauce dans un bol, ajoutez l'eau bouillante et mélangez jusqu'à dissolution du fond de sauce. Ajoutez les pommes de terre et la sauce à l'oignon dans la poêle, et laissez sur le feu jusqu'à ce qu'ils soient bien chauds.

Dressez les vol-au-vent sur 4 assiettes de service et garnissez-les de saucisses. Servez aussitôt avec des petits pois.

Saucisses de Francfort aux haricots rouges à la tomate Faites chauffer 1 cuillerée à soupe d'huile dans une sauteuse et faites blondir 1 oignon haché. Coupez 8 saucisses de Francfort en rondelles de 2,5 cm d'épaisseur. Ajoutez-les dans la sauteuse et poursuivez la cuisson 2 minutes. Ajoutez 400 g de haricots rouges à la sauce tomate en boîte, 225 g de tomates concassées en boîte, 1 cuillerée à café de moutarde anglaise et 1 cuillerée à soupe de sauce Worcestershire. Portez à ébullition, couvrez et laissez mijoter 4 à 5 minutes. Servez avec du pain grillé.

beignets de poulet aux épices cajun

Pour **2 personnes**
Préparation **4 minutes**
Cuisson **6 minutes**

150 ml d'**huile de tournesol**
1 **blanc d'œuf**
75 ml de **lait fermenté**
1 c. à c. de **paprika fumé**
250 g de **blancs de poulet** en dés du commerce
50 g de **farine**
2 c. à s. de **mélange d'épices cajun**
sel et **poivre**

Mayonnaise à la ciboulette
6 c. à s. de **mayonnaise**
2 c. à s. de **ciboulette** ciselée

Dans une friteuse ou une cocotte, faites chauffer l'huile à 180 °C (un dé de pain doit dorer en 15 secondes).

Pendant ce temps, battez légèrement le blanc d'œuf dans un saladier, puis incorporez le lait fermenté et le paprika. Assaisonnez, ajoutez le poulet et mélangez bien le tout de sorte que le poulet soit uniformément enrobé. Mélangez la farine et les épices cajun dans un autre saladier.

Plongez les morceaux de poulet dans la farine puis faites-les frire 3 à 4 minutes jusqu'à ce qu'ils soient bien dorés. Retirez-les avec une écumoire et déposez-les sur du papier absorbant.

Mélangez la mayonnaise et la ciboulette, puis servez-la avec le poulet.

Fajitas au poulet épicé Faites chauffer 1 cuillerée à soupe d'huile dans une poêle et faites-y dorer 250 g d'émincés de poulet pendant 3 à 4 minutes. Ajoutez 1 poivron rouge émincé et ½ oignon émincé, prolongez la cuisson 2 à 3 minutes. Incorporez 15 g de mélange d'épices pour fajitas, laissez cuire le tout encore 2 minutes puis ajoutez 2 cuillerées à soupe de jus de citron vert. Répartissez la garniture dans 4 tortillas chaudes, puis ajoutez 1 cuillerée à soupe de crème fraîche et 1 cuillerée à soupe de sauce tomate. Roulez les tortillas et servez aussitôt.

salade de gnocchis poêlés au chorizo

Pour **4 personnes**
Préparation **2 minutes**
Cuisson **8 minutes**

2 c. à s. d'**huile d'olive**
400 g de **gnocchis** (rayon frais)
4 grosses **tomates** bien mûres, coupées en morceaux
1 petit bouquet de **basilic** effeuillé et grossièrement ciselé
125 g de **mozzarella** coupée en grosses miettes
100 g de **chorizo** coupé en tranches
1 à 2 c. à s. de **vinaigre balsamique**
sel et **poivre**

Faites chauffer l'huile d'olive dans une grande poêle et poêlez les gnocchis pendant 8 minutes environ jusqu'à ce qu'ils soient bien dorés.

Pendant ce temps, mélangez les tomates, le basilic et la mozzarella, assaisonnez et dressez sur 4 assiettes de service.

Ajoutez les tranches de chorizo dans la poêle 1 à 2 minutes avant la fin de la cuisson. Mettez ensuite les gnocchis et le chorizo sur la salade, arrosez le tout d'un filet de vinaigre balsamique puis servez.

Gnocchis poêlés et salade de roquette à la pancetta
Poêlez les gnocchis comme ci-dessus, en ajoutant dans la poêle 100 g de pancetta taillée en petits morceaux 2 minutes avant la fin de la cuisson. Pendant ce temps, dans un saladier, mélangez 200 g de pois chiches en conserve, égouttés et rincés, 2 oignons de printemps hachés en petits morceaux, 10 tomates cerises coupées en deux, 1½ cuillerée à soupe de vinaigre de vin rouge, 4 cuillerées à soupe d'huile d'olive et 2 cuillerées à soupe de persil ciselé surgelé. Assaisonnez et mélangez bien. Disposez 125 g de roquette sur une grande assiette de service, ajoutez la préparation aux pois chiches, puis les gnocchis et la pancetta et servez aussitôt.

bœuf sauté au piment et à l'orange

Pour **2 personnes**
Préparation **3 minutes**
Cuisson **7 minutes**

1 c. à c. de **farine de maïs**
150 ml de **jus d'orange**
2 c. à s. de **sauce pimentée sucrée**
1 c. à s. d'**huile de tournesol**
300 g d'**émincés de bœuf**
1 c. à c. de **gingembre** haché, en conserve
1 botte d'**oignons de printemps** émincés
100 g de **haricots mange-tout** coupés en deux

Mettez la farine de maïs dans un bol, versez 1 cuillerée à soupe de jus d'orange et mélangez. Ajoutez le reste de jus d'orange et la sauce pimentée sucrée, mélangez jusqu'à l'obtention d'une sauce homogène.

Faites chauffer l'huile dans un wok ou une grande poêle et, lorsqu'elle est très chaude, faites-y revenir le bœuf et le gingembre pendant 3 à 4 minutes jusqu'à ce qu'ils soient légèrement grillés. Ajoutez ensuite les oignons de printemps et les haricots mange-tout puis poursuivez la cuisson 1 minute.

Ajoutez la sauce au jus d'orange et, en remuant constamment, laissez cuire les ingrédients 1 à 2 minutes jusqu'à ce que la sauce ait épaissi et enrobe bien la viande. Servez aussitôt.

Bœuf teriyaki Dans un saladier, mélangez 1 cuillerée à café de gingembre haché en conserve, 1 cuillerée à café d'ail haché surgelé, 3 cuillerées à soupe de sauce soja foncée, 3 cuillerées à soupe de mirin ou de xérès sec et 2 cuillerées à café de sucre roux. Ajoutez 300 g d'émincés de bœuf et mélangez. Faites chauffer 1 cuillerée à soupe d'huile dans un wok ou une grande poêle. Transférez les morceaux de bœuf dans le wok en utilisant une écumoire et saisissez-les 4 à 5 minutes jusqu'à ce qu'ils soient légèrement grillés. Délayez 1 cuillerée à café de farine de maïs dans le reste de sauce et ajoutez le tout dans le wok. Laissez cuire jusqu'à épaississement de la sauce puis servez.

salade de poulet aux abricots et aux amandes

Pour **4 personnes**
Préparation **10 minutes**

200 g de **céleri** coupé en fines tranches
75 g d'**amandes** émondées, grossièrement concassées
3 c. à s. de **persil** ciselé tout prêt
4 c. à s. de **mayonnaise**
400 g de **blancs de poulet** cuits tout prêts, émincés
12 **abricots** coupés en deux et dénoyautés
sel et **poivre**

Mettez le céleri, la moitié des amandes, le persil et la mayonnaise dans un saladier, assaisonnez puis mélangez bien.

Ajoutez le poulet et les abricots, mélangez délicatement puis transférez sur une grande assiette de service. Décorez avec le reste d'amandes et servez.

Pitas au poulet, à l'abricot et à la tomate Taillez en dés 12 abricots dénoyautés, et mélangez-les avec des tomates bien mûres hachées en dés, 400 g de blancs de poulet cuits du commerce, émincés, 3 cuillerées à soupe de coriandre fraîche ciselée et 1 grosse poignée de roquette. Fouettez 3 cuillerées à soupe de vinaigre de vin rouge, 3 cuillerées à soupe d'huile d'olive, 1 cuillerée à café de sucre brun et 1 cuillerée à café de sauce soja. Versez cette sauce sur la salade. Mélangez bien et servez dans des pitas chaudes.

poissons et fruits de mer

petits gratins de pommes de terre au saumon

Pour **2 personnes**
Préparation **1 minute**
Cuisson **9 minutes**

250 ml de **sauce au fromage**
75 g de **petits pois** surgelés
200 g de **saumon rose** ou **rouge** en conserve, égoutté
400 g de **purée de pommes de terre**
25 g de **gruyère** râpé
sel et **poivre**

Faites chauffer la sauce au fromage dans une casserole moyenne, incorporez les petits pois et laissez mijoter 3 minutes. Émiettez le saumon et retirez au besoin la peau et les arêtes.

Ajoutez le saumon dans la casserole, faites bien chauffer le tout puis assaisonnez. Répartissez la préparation au saumon dans 2 petits ramequins.

Réchauffez la purée de pommes de terre au micro-ondes. Ajoutez une couche de purée sur la préparation au saumon et saupoudrez de gruyère râpé.

Déposez les ramequins sur une plaque de cuisson et faites-les gratiner 3 à 4 minutes sous le gril du four chaud. Servez aussitôt.

Galettes à la pomme de terre et au thon Mélangez 200 g de thon en morceaux au naturel, égoutté, 250 g de purée de pommes de terre et 2 cuillerées à soupe de persil ciselé. Assaisonnez. Farinez-vous légèrement les mains et façonnez 4 petites galettes en forme de poisson. Faites chauffer 1 cuillerée à soupe d'huile dans une poêle et faites dorer les galettes 3 minutes de chaque côté, sur feu moyen à élevé. Servez aussitôt avec une salade verte et des quartiers de citron.

espadon grillé à la chermoula

Pour **4 personnes**
Préparation **5 minutes**
Cuisson **5 minutes**

4 **steaks d'espadon** d'environ 175 g chacun
un peu d'**huile**
couscous parfumé

Chermoula
25 g de **coriandre** fraîche
25 g de **persil plat** frais
2 c. à c. de **paprika doux**
1 c. à c. de **cumin** en poudre
½ c. à c. de **flocons de piment**
4 c. à s. de **jus de citron**
2 gousses d'**ail** pelées
4 c. à s. d'**huile de tournesol**
sel et **poivre**

Pour préparer la chermoula, mettez les herbes grossièrement ciselées et tous les autres ingrédients dans un robot. Assaisonnez puis mixez jusqu'à l'obtention d'une pâte grossière. Étalez la chermoula sur les deux faces des steaks d'espadon.

Huilez une grande poêle et faites-la chauffer sur feu élevé. Saisissez les steaks d'espadon pendant 1½ à 2 minutes de chaque côté jusqu'à ce qu'ils soient cuits à point. Servez aussitôt avec du couscous.

Espadon grillé à la salsa verde Mixez 1 gousse d'ail pelée, 2 cuillerées à soupe de câpres, 2 filets d'anchois, 4 cuillerées à soupe d'aneth ciselé, 4 cuillerées à soupe de persil plat ciselé, 3 cuillerées à soupe d'huile d'olive, 1 cuillerée à soupe de jus de citron et 1 cuillerée à café de moutarde à l'ancienne jusqu'à l'obtention d'un mélange lisse. Faites griller l'espadon comme ci-dessus, sans chermoula, retirez-le de la poêle et agrémentez-le de salsa verde. Servez aussitôt avec une poignée de roquette et quelques morceaux de baguette.

salade de crabe au pamplemousse

Pour **4 personnes**
Préparation **10 minutes**

400 g de **chair de crabe** blanche
1 **pamplemousse** épluché et taillé en petits quartiers
50 g de **roquette**
3 **oignons de printemps** émincés
200 g de **haricots mange-tout** coupés en deux
sel et **poivre**
4 **chapatis** grillés

Sauce
85 g de **cresson** débarrassé des tiges dures
1 c. à s. de **moutarde de Dijon**
2 c. à s. d'**huile d'olive**

Mélangez la chair de crabe, le pamplemousse, la roquette, les oignons de printemps et les haricots mange-tout dans un plat de service. Assaisonnez à votre goût.

Pour préparer la sauce, mettez le cresson, la moutarde et l'huile dans un robot, salez et mixez jusqu'à l'obtention d'une préparation lisse.

Arrosez la salade de sauce puis servez avec des chapatis grillés.

Salade chaude de crevettes aux asperges Coupez 200 g de pommes de terre pelées en dés de 1,5 cm de côté et faites-les cuire dans une casserole d'eau bouillante salée pendant 6 à 7 minutes jusqu'à ce qu'elles soient tendres. Ajoutez 100 g de pointes d'asperges 3 minutes avant la fin de la cuisson. Dans un saladier, mélangez 400 g de crevettes décortiquées cuites, la roquette, les oignons de printemps et les haricots mange-tout. Préparez une sauce comme ci-dessus. Ajoutez la sauce, les pommes de terre et les asperges à la salade, mélangez et servez aussitôt.

sardines grillées aux épices

Pour **2 personnes**
Préparation **5 minutes**
Cuisson **3 à 5 minutes**

6 grosses **sardines fraîches**, préparées
1 c. à c. d'**ail** haché, surgelé
le **zeste** finement râpé et le **jus** de ½ **citron**
1 c. à c. de **cumin** en poudre
1 c. à c. de **paprika fort fumé**
1 c. à s. d'**huile d'olive**
sel et **poivre**

Accompagnement
ciabatta grillée
salade verte
quartiers de **citron**

Avec un couteau bien aiguisé, faites 3 entailles de chaque côté des sardines : les entailles doivent aller jusqu'aux arêtes. Disposez ensuite les sardines sur une plaque de cuisson.

Mélangez tous les autres ingrédients, assaisonnez à votre goût, puis frottez la préparation sur toute la surface des sardines de sorte à les couvrir uniformément.

Faites griller les sardines sous le gril du four chaud ou au barbecue, en les retournant une fois, pendant 3 à 5 minutes ou jusqu'à ce qu'elles soient bien cuites. Servez-les aussitôt avec de la ciabatta grillée, une salade verte et des quartiers de citron.

Salade de maquereau aux pommes de terre et à la moutarde Détaillez 200 g de petites pommes de terre nouvelles en fines tranches. Faites-les cuire 4 à 5 minutes dans une casserole d'eau bouillante salée avec 150 g de haricots verts parés, et coupés en deux : les légumes doivent être tendres. Pendant ce temps, assaisonnez 4 filets de maquereau et faites chauffer 1 cuillerée à soupe d'huile d'olive dans une poêle. Faites griller le poisson pendant 2 à 3 minutes côté peau, retournez-le, et poursuivez la cuisson 1 minute. Mélangez 4 cuillerées à soupe de vinaigrette en bouteille et 1 cuillerée à soupe de câpres, puis versez la sauce obtenue sur les pommes de terre et les haricots. Dressez la salade sur 2 assiettes, puis garnissez-la de filets de maquereau.

beignets de crevettes à la noix de coco

Pour **4 personnes**
Préparation **6 minutes**
Cuisson **3 à 4 minutes**

25 g de **chapelure**
75 g de **noix de coco séchée**
4 c. à s. de **farine de maïs**
1 **blanc d'œuf**
150 ml d'**huile de tournesol**
250 g de **crevettes royales** crues, décortiquées
sel et **poivre**

Accompagnement
quartiers de **citron vert**
sauce pimentée sucrée

Mixez la chapelure et la noix de coco et versez le tout dans une assiette. Salez et poivrez la farine de maïs, puis mettez-la dans une deuxième assiette. Battez légèrement le blanc d'œuf dans une troisième assiette.

Faites chauffer l'huile à 180 °C dans une friteuse ou une cocotte (un dé de pain doit frire en 15 secondes).

Plongez les crevettes dans la farine de maïs, puis secouez-les pour retirer l'excédent. Plongez-les ensuite dans le blanc d'œuf puis dans la noix de coco.

Faites frire les crevettes 3 à 4 minutes, en les séparant pendant la cuisson, retirez-les avec une écumoire et déposez-les sur du papier absorbant. Servez les beignets avec des quartiers de citron vert et un petit pot de sauce pimentée sucrée.

Toasts à la crevette et au sésame Coupez 4 tranches de mie légèrement sèche en quatre triangles. Mixez 300 g de crevettes royales crues décortiquées, 1 cuillerée à café de gingembre haché, ½ cuillerée à café de sel, 2 oignons de printemps hachés, 1 cuillerée à soupe de farine de maïs, 1 cuillerée à café d'huile de sésame et 1 blanc d'œuf. Tartinez le pain de la préparation, puis décorez-le de sésame. Faites chauffer l'huile comme ci-dessus et faites griller les toasts, côté crevette vers le bas, 1 minute. Retournez-les et poursuivez la cuisson 1 à 2 minutes. Égouttez sur du papier absorbant. Servez chaud.

filets de bar au bouillon de légumes

Pour **4 personnes**
Préparation **4 minutes**
Cuisson **6 à 7 minutes**

750 ml de **bouillon de légumes** ou de **poulet**
2 c. à s. d'**huile d'olive**
4 **filets de bar**, d'environ 200 g chacun
1 **bulbe de fenouil** paré et coupé en 8 quartiers
12 **pointes d'asperges** fines
150 g de **petits pois** surgelés, décongelés
150 g de **fèves** écossées
1 petite poignée de feuilles de **menthe** grossièrement ciselées
1 petite poignée de feuilles de **basilic** grossièrement ciselées
sel et **poivre**
pain croustillant

Portez le bouillon à ébullition dans une grande casserole. Faites chauffer l'huile dans une grande poêle à fond épais.

Assaisonnez les filets de bar, déposez-les dans la poêle, côté peau vers le bas, et faites-les revenir 3 à 4 minutes jusqu'à ce que la peau soit grillée. Retournez-les et faites-les revenir 1 minute de l'autre côté.

Pendant ce temps, faites mijoter le fenouil 3 minutes dans le bouillon : il doit être al dente. Ajoutez les asperges, les petits pois et les fèves et poursuivez la cuisson 1 à 2 minutes. Assaisonnez à votre convenance.

Dressez le bouillon dans 4 assiettes creuses, décorez-le de fines herbes, ajoutez les filets de bar et servez aussitôt.

Bouillon de crevettes à la thaïe Mettez 750 ml de bouillon de poisson, 1 cuillerée à soupe de pâte de citronnelle, 2 cuillerées à soupe de gingembre haché en conserve, ½ cuillerée à café de flocons de piment séché et 2 feuilles de kaffir dans une grande casserole, portez à ébullition et laissez mijoter 3 minutes. Assaisonnez, ajoutez 500 g de crevettes tigrées crues décortiquées, laissez mijoter 2 à 3 minutes. Ajoutez 125 g de pois sugar snap et 150 g de nouilles de riz précuites puis laissez cuire le tout 1 minute supplémentaire. Servez aussitôt.

filets d'aiglefin gratinés

Pour **4 personnes**
Préparation **2 minutes**
Cuisson **7 à 8 minutes**

4 **filets d'aiglefin fumés**, d'environ 150 g chacun
300 ml de **sauce au fromage**
1 c. à c. de **moutarde forte**
2 **jaunes d'œufs**
2 c. à c. de **sauce Worcestershire**
2 c. à s. de **persil plat** effeuillé, ciselé
25 g de **gruyère** râpé

Accompagnement
purée de pommes de terre toute prête
petits pois surgelés

Déposez les filets d'aiglefin en une seule couche dans le fond d'une sauteuse et versez de l'eau bouillante à hauteur. Portez à ébullition, couvrez et laissez mijoter 2 minutes jusqu'à ce qu'ils soient à moitié cuits. Transférez précautionneusement les filets de poisson dans un plat à gratin et gardez-les au chaud.

Pendant ce temps, faites chauffer la sauce au fromage dans une petite casserole. Hors du feu, incorporez la moutarde, les jaunes d'œufs, la sauce Worcestershire et le persil.

Versez la préparation sur le poisson et saupoudrez de gruyère râpé. Faites gratiner le tout 3 à 4 minutes sous le gril du four chaud. Servez avec de la purée de pommes de terre et des petits pois.

Salade d'aiglefin aux haricots et aux épinards
Mettez 500 g de filets d'aiglefin fumés dans une casserole et versez de l'eau bouillante à hauteur. Laissez mijoter 4 à 5 minutes. Égouttez-le. Mélangez dans un saladier 400 g de haricots de Lima en conserve égouttés,125 g de pousses d'épinard, 3 oignons de printemps émincés et 4 betteraves cuites, coupées en petits quartiers. Émiettez le poisson, en retirant la peau et les arêtes si nécessaire, et ajoutez-le dans la salade. Fouettez 1 cuillerée à café de moutarde de Dijon, 1 cuillerée à café de vinaigre de vin blanc, 3 cuillerées à soupe de crème fraîche, 3 cuillerées à soupe d'huile d'olive et 1 cuillerée à soupe d'aneth ciselé. Assaisonnez, versez la sauce sur la salade et mélangez. Servez aussitôt.

cabillaud grillé à la tapenade

Pour **4 personnes**
Préparation **2 minutes**
Cuisson **8 minutes**

4 gros **filets de cabillaud**, d'environ 175 g chacun
un peu d'**huile**
sel et **poivre**
salade de tomates et d'oignons rouges

Sauce
50 g d'**olives noires** dénoyautées
2 **filets d'anchois à l'huile**, égouttés
2 c. à c. de **câpres** en saumure, égouttées et rincées
1 gousse d'**ail** pelée
1 c. à c. de feuilles de **thym**
4 c. à s. d'**huile d'olive**
1 c. à s. de **vinaigre de vin rouge**

Huilez légèrement les filets de cabillaud, assaisonnez-les et faites-les griller 4 minutes de chaque côté sous le gril du four chaud : ils doivent être cuits à point.

Pendant ce temps, mixez les olives, les anchois, les câpres, l'ail et le thym jusqu'à l'obtention d'une tapenade : il doit rester des petits morceaux. Incorporez l'huile et le vinaigre.

Dressez le poisson sur des assiettes de service et garnissez-le de tapenade. Servez-le aussitôt avec de la salade de tomates et d'oignons rouges.

Cabillaud en croûte aux herbes Préchauffez le four à 200 °C. Mélangez 50 g de chapelure, 2 cuillerées à soupe de persil ciselé, le zeste râpé de ½ citron et 50 g de filets d'anchois à l'huile, égouttés et hachés en petits morceaux. Disposez 4 filets de cabillaud sur une plaque de cuisson, côté peau vers le bas, et saupoudrez la préparation de manière à former une croûte. Enfournez 7 à 8 minutes jusqu'à ce la croûte soit bien cuite et dorée. Servez avec une salade de crudités.

steaks de thon au poivre

Pour **4 personnes**
Préparation **3 minutes**
Cuisson **6 à 7 minutes**

4 **steaks de thon**, d'environ 150 g chacun
2 c. à s. de mélange de **grains de poivre** écrasés
250 g de **pois sugar snap**
1 c. à c. d'**huile de sésame**
2 c. à c. de **graines de sésame** légèrement grillées
nouilles de riz précuites

Sauce
2 c. à s. de **sauce soja claire**
4 c. à s. de **mirin**
1 c. à c. de **sucre**
1 c. à c. de **wasabi**

Frottez les steaks de thon avec les grains de poivre. Faites chauffer une poêle-gril à feu assez vif et faites griller les steaks 2 minutes de chaque côté jusqu'à ce qu'ils soient cuits à l'extérieur mais encore rosés au centre. Retirez-les de la poêle et laissez-les reposer.

Arrosez les pois d'huile de sésame et faites-les cuire 2 à 3 minutes à la vapeur sur une casserole d'eau frémissante.

Mettez tous les ingrédients de la sauce dans un bocal et secouez bien.

Dressez les pois sur 4 assiettes de service. Coupez les steaks de thon en deux, en diagonale, et déposez-les sur les pois. Arrosez de sauce et décorez de sésame. Servez aussitôt avec des nouilles de riz.

moules au cidre et aux aromates

Pour **4 personnes**
Préparation **2 minutes**
Cuisson **8 minutes**

15 g de **beurre**
1 **oignon** haché
1 c. à c. d'**ail** haché, surgelé
2 kg de **moules** préparées
150 ml de **cidre**
150 ml de **crème fraîche**
2 c. à s. d'**estragon** ciselé
2 c. à s. de feuilles de **persil plat** ciselées
pain croustillant

Faites fondre le beurre dans une cocotte puis faites-y blondir l'oignon et l'ail pendant 2 à 3 minutes. Pendant ce temps, jetez les moules qui sont ouvertes et qui ne se ferment pas quand vous tapotez dessus.

Mettez les moules et le cidre dans la cocotte, couvrez et faites cuire 3 à 4 minutes sur feu fort, en secouant la cocotte de temps en temps : toutes les moules doivent s'ouvrir ; jetez les moules qui restent fermées.

Incorporez la crème fraîche et les fines herbes, puis laissez quelques instants supplémentaires sur le feu jusqu'à ce que tous les ingrédients soient bien chauds. Servez aussitôt avec du pain croustillant.

Soupe du pêcheur Faites chauffer 1 cuillerée à soupe d'huile d'olive dans une cocotte et faites blondir 1 oignon haché et 1 cuillerée à café d'ail haché surgelé pendant 2 minutes. Ajoutez 150 ml de vin blanc, 400 g de tomates concassées en boîte, 450 ml de bouillon de poisson bouillant et un brin de thym. Laissez bouillonner 4 minutes, puis ajoutez 200 g de filet de cabillaud coupé en dés, 200 g de crevettes tigrées décortiquées et 250 g de moules préparées. Laissez mijoter 3 à 4 minutes : les crevettes doivent être roses et les moules doivent s'être ouvertes (jetez celles qui sont fermées). Assaisonnez puis servez aussitôt avec du pain croustillant.

salade de crevettes à la mangue et à l'avocat

Pour **4 personnes**
Préparation **10 minutes**

1 grosse **mangue**, d'environ 475 g, pelée et dénoyautée
1 **avocat** bien mûr, pelé et dénoyauté
2 **salades romaines**
16 grosses **crevettes royales**, décortiquées et cuites

Sauce
le **jus de 2 citrons verts**
1 c. à c. de **sucre de canne** ou de **sucre roux**
2 c. à s. d'**huile végétale**
½ **piment rouge**, épépiné et finement haché

Coupez la mangue et l'avocat en dés de 2 cm de côté et effeuillez les salades. Disposez les salades, la mangue, l'avocat et les crevettes dans un plat de service.

Fouettez tous les ingrédients de la sauce. Arrosez la salade de sauce, mélangez bien et servez aussitôt.

Pour préparer une sauce marie-rose afin d'accompagner cette salade, mélangez 3 cuillerées à soupe de mayonnaise, 2 cuillerées à soupe de crème fraîche épaisse, 2 cuillerées à café de ketchup, 1½ cuillerée à café de sauce Worcestershire, 2 à 3 gouttes de Tabasco, 1 cuillerée à soupe de jus de citron et 1 cuillerée à soupe de cognac. Assaisonnez la sauce à votre convenance et versez-la sur la salade.

petits beignets de poisson à la japonaise

Pour **2 personnes**
Préparation **4 minutes**
Cuisson **6 minutes**

200 g de **filet de cabillaud** ou d'**aiglefin**
25 g de **farine de maïs**
1 **œuf** battu
100 g de **panko** (chapelure japonaise)
150 ml d'**huile de tournesol**
sel et **poivre**
quartiers de **citron**

Mayonnaise au wasabi
50 g de **mayonnaise**
½ c. à c. de **wasabi**

Coupez les filets de poisson en petites lanières de 1 cm de large et assaisonnez-les. Mettez la farine de maïs, l'œuf et la chapelure dans 3 assiettes creuses différentes. Plongez les lanières de poisson dans la farine de maïs, puis dans l'œuf et enfin dans la chapelure : ils doivent être bien enrobés. Étalez-les ensuite sur un grand plat ou une plaque de four.

Pendant ce temps, faites chauffer l'huile à 180 °C dans une friteuse ou une cocotte (un dé de pain doit être doré en 15 secondes).

Faites frire les lanières de poisson, retirez-les à l'aide d'une écumoire au bout de 3 à 4 minutes et égouttez-les sur du papier absorbant. Mélangez la mayonnaise et le wasabi. Servez les beignets de poisson aussitôt avec de la mayonnaise au wasabi et quelques quartiers de citron.

Sandwichs aux beignets de poisson Préparez et faites frire les beignets de poisson comme ci-dessus. Pendant la cuisson, coupez en deux 2 petits pains plats et beurrez-les légèrement. Déposez des beignets de poisson sur les moitiés inférieures de pain, puis ajoutez sur chacune 1 ou 2 cuillerées à soupe de sauce tartare et 1 poignée de feuilles de roquette. Ajoutez les deux autres moitiés de pain de sorte à former des sandwichs. Servez aussitôt avec des quartiers de citron.

filets de maquereau grillés aux épices

Pour **4 personnes**
Préparation **4 minutes**
Cuisson **5 à 6 minutes**

2 c. à s. d'**huile d'olive**
1 c. à s. de **paprika fumé**
1 c. à c. de **piment de Cayenne**
8 **filets de maquereau**
2 **citrons verts**, coupés en quatre
sel et **poivre**
salade de roquette

Mélangez l'huile, le paprika et le piment de Cayenne. Salez et poivrez. Faites 3 incisions superficielles dans les filets de maquereau puis badigeonnez-les d'huile aux épices.

Mettez le poisson, côté peau, et les quartiers des citrons verts sur un barbecue ou sous le gril du four chaud, et faites-les cuire 4 à 5 minutes : la peau du poisson et les citrons verts doivent être grillés.

Retournez le poisson et poursuivez la cuisson 1 minute de l'autre côté. Servez avec de la roquette.

Maquereaux au poivre noir et au laurier Mélangez 4 feuilles de laurier ciselées en fines lanières, 1 gousse d'ail écrasée, ½ cuillerée à café de poivre noir du moulin, 1 pincée de sel et 4 cuillerées à soupe d'huile d'olive. Badigeonnez la marinade sur 4 filets de maquereau préparés, en la faisant pénétrer dans les cavités. Faites griller le poisson au barbecue ou sous le gril du four chaud pendant 3 à 4 minutes de chaque côté. Servez avec une salade de tomates.

tacos au cabillaud, au citron vert et à la coriandre

Pour **4 personnes**
Préparation **4 minutes**
Cuisson **6 minutes**

625 g de **filet de cabillaud** ou d'**aiglefin** coupé en dés de 2,5 cm de côté
2 c. à s. de **mélange d'épices cajun**
8 **tortillas** pour tacos
1 c. à s. d'**huile d'arachide**
2 c. à s. de **jus de citron vert**
1 petite **salade romaine** déchiquetée
4 c. à s. de **coriandre** fraîche, ciselée
200 g de **sauce tomate** fraîche, du commerce
200 g de **guacamole**, du commerce

Préchauffez le four à 180 °C. Mettez les dés de poisson dans un saladier et saupoudrez-les du mélange d'épices cajun. Secouez doucement le saladier pour mélanger le poisson et les épices.

Disposez les tortillas debout dans un plat allant au four et réchauffez-les 5 minutes au four.

Pendant ce temps, faites chauffer l'huile dans une grande poêle et faites revenir les dés de poisson 2 à 3 minutes de chaque côté jusqu'à ce qu'ils soient cuits à point. Déposez les dés de poisson dans un saladier et arrosez-les de jus de citron vert.

Garnissez les tortillas de feuilles de salade puis de morceaux de poisson et d'un peu de coriandre. Servez aussitôt avec de la sauce tomate et du guacamole.

Tortillas au cabillaud et à la crème au citron vert
Saupoudrez 1 cuillerée à soupe de mélange d'épices cajun sur 4 filets de cabillaud d'environ 175 g chacun. Faites fondre 25 g de beurre dans une poêle puis faites-y revenir le poisson 3 à 4 minutes de chaque côté jusqu'à ce qu'il soit cuit à point. Pendant ce temps, mélangez 125 ml de crème fraîche, 1 cuillerée à soupe de jus de citron vert et 2 cuillerées à soupe de coriandre fraîche ciselée. Servez le poisson avec des tortillas classiques (souples), de la crème au citron et une salade verte.

méli-mélo de la mer au poivre

Pour **4 personnes**
Préparation **5 minutes**
Cuisson **5 minutes**

3 c. à s. d'**huile d'arachide**
2 gousses d'**ail** hachées
4 **noix de Saint-Jacques** coupées en quatre
6 **bâtonnets de crabe** coupés en deux
200 g de **crevettes tigrées** cuites, décortiquées
1 c. à s. de **sauce de poisson thaïe**
1 c. à s. de **sauce d'huître**
1 c. à s. de **sauce soja claire**
1 c. à c. de **sucre de canne** ou de **sucre roux**
2 c. à s. de **grains de poivre vert**, frais
riz précuit en accompagnement

Faites chauffer l'huile dans un wok ou une grande poêle à feu vif jusqu'à ce qu'elle commence à frémir. Faites-y sauter l'ail pendant quelques secondes, puis ajoutez les noix de Saint-Jacques et faites-les dorer 1 minute.

Ajoutez, dans cet ordre, les bâtonnets de crabe, les crevettes, la sauce de poisson, la sauce d'huître, la sauce soja, le sucre puis les grains de poivre, en remuant rapidement avant chaque nouvel ajout.

Laissez cuire le tout 1 minute de plus jusqu'à ce que le poisson soit bien chaud et bien enrobé de sauce. Servez avec du riz.

Riz coco, en accompagnement Faites chauffer 1 cuillerée à soupe d'huile d'arachide dans un wok ou une grande poêle, puis ajoutez 5 cuillerées à soupe de lait de coco et 1 cuillerée à café de sauce de poisson thaïe. Portez à ébullition puis incorporez 250 g de riz cuit. Laissez le riz sur le feu jusqu'à ce qu'il soit bien chaud, assaisonnez-le et ajoutez un peu de jus de citron vert. Servez avec le méli-mélo de la mer.

steaks d'espadon à la pangritata et à la sauge

Pour **4 personnes**
Préparation **2 minutes**
Cuisson **8 minutes**

250 g de **haricots verts**, fins
5 c. à s. d'**huile d'olive vierge extra** + un filet d'huile supplémentaire
1 c. à s. d'**ail** haché, surgelé
2 c. à s. de feuilles de **sauge** ciselées
125 g de **chapelure**
le **zeste** finement râpé et le **jus** de 1 **citron**
4 **steaks d'espadon**, d'environ 200 g chacun
sel et **poivre**

Faites cuire les haricots verts 3 minutes dans une casserole d'eau bouillante salée : ils doivent être tendres.

Faites chauffer 4 cuillerées à soupe d'huile dans une poêle puis faites griller l'ail, la sauge, la chapelure et le zeste de citron 5 minutes, en remuant. Égouttez bien la pangritata obtenue sur du papier absorbant.

Faites chauffer une poêle-gril. Badigeonnez les steaks d'espadon du reste d'huile, assaisonnez-les puis faites-les griller à la poêle 1½ minute de chaque côté.

Assaisonnez les haricots, puis arrosez-les d'un peu de jus de citron et d'un filet d'huile d'olive supplémentaire.

Dressez les steaks d'espadon sur 4 assiettes de service, arrosez-les du reste de jus de citron et garnissez-les de pangritata. Servez avec les haricots verts.

Steaks d'espadon aux poireaux à la crème et à la pangritata Faites cuire 250 g de poireaux taillés en anneaux 3 minutes dans de l'eau bouillante salée. Préparez de la pangritata comme ci-dessus, en ajoutant 3 tranches de lard fumé hachées, puis égouttez-la sur du papier absorbant. Mélangez les poireaux égouttés, 200 ml de crème fraîche et ½ cuillerée à café de moutarde de Dijon. Salez et poivrez. Faites cuire des steaks d'espadon comme ci-dessus. Servez l'espadon sur un lit de poireaux à la crème, garni de pangritata au lard fumé.

légumes

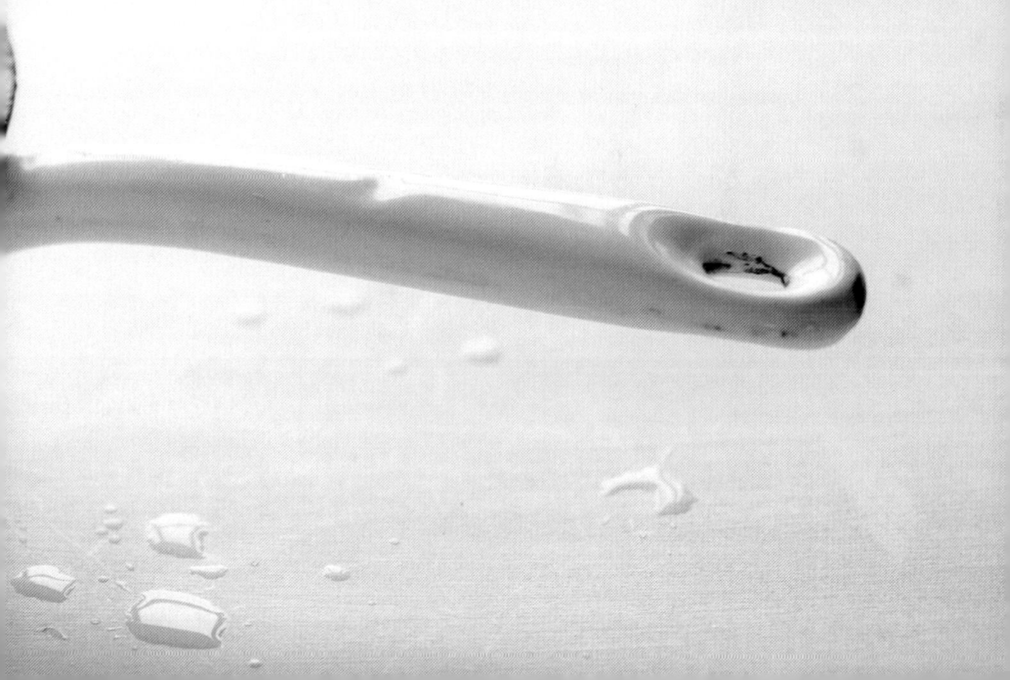

tartelettes au brie et à l'oignon

Pour **4 personnes**
Préparation **2 minutes**
Cuisson **7 à 8 minutes**

8 **fonds de tartelette salés**, de 9 cm de diamètre
8 c. à s. de **chutney à l'oignon**
125 g de **brie** coupé en 8 tranches
quelques brins de **thym**

Préchauffez le four à 180 °C. Disposez les fonds de tartelette sur une plaque de cuisson, garnissez-les de 1 cuillerée à soupe de chutney à l'oignon puis d'une tranche de brie.

Faites cuire les tartelettes 7 à 8 minutes au four jusqu'à ce que le fromage commence à fondre. Décorez-les de quelques brins de thym et servez.

Tartelettes aux poivrons grillés Battez 125 g de fromage à tartiner allégé à l'ail et aux fines herbes, 1 œuf et 25 g de parmesan râpé. Déposez 8 fonds de tartelette salés sur une plaque de cuisson. Garnissez-les de cette préparation puis de 100 g de poivrons rouges grillés du commerce, taillés en lanières, et faites cuire les tartelettes 8 minutes au four préchauffé à 190 °C. Servez avec une salade de mâche.

curry d'épinards au pa
et aux petits pois

Pour **4 personnes**
Préparation **2 minutes**
Cuisson **8 minutes**

2 c. à s. d'**huile d'arachide**
1 **oignon** haché
1 c. à c. d'**ail** haché, surgelé
2 c. à c. de **gingembre** haché, en conserve
250 g de **paneer**
2 c. à s. de **curry** moyen en poudre
400 ml de **lait de coco**
250 g de **petits pois** surgelés
225 g de **pousses d'épinard**
sel et **poivre**
quelques **naans**

Faites chauffer l'huile dans une grande cocotte et faites revenir l'oignon, l'ail et le gingembre 2 à 3 minutes, à feu doux. Pendant ce temps, coupez le paneer en dés de 1,5 cm de côté.

Ajoutez le curry en poudre, laissez cuire 1 minute supplémentaire, puis ajoutez le paneer et poursuivez la cuisson 1 minute.

Incorporez le lait de coco et les petits pois. Couvrez et laissez mijoter 4 minutes jusqu'à ce que les petits pois soient tendres. Ajoutez les épinards et prolongez la cuisson 1 minute jusqu'à ce qu'ils aient réduit. Assaisonnez et servez aussitôt avec des naans.

Brochettes de paneer et de champignons tandoori
Mélangez 4 cuillerées à soupe de yaourt nature, 2 cuillerées à soupe de pâte de curry tandoori et 1 cuillerée à soupe de jus de citron. Ajoutez les dés de paneer et 16 champignons de Paris, mélangez bien. Enfilez le fromage et les champignons sur 4 piques à brochette en métal. Badigeonnez les brochettes du reste de préparation au yaourt et faites-les griller 8 minutes sous le gril du four chaud ou au barbecue, en les retournant de temps en temps. Servez avec une salade verte et des naans.

champignons au mascarpone

Pour **4 personnes**
Préparation **2 minutes**
Cuisson **8 minutes**

25 g de **beurre**
1 c. à c. d'**ail** haché, surgelé
500 g de **champignons** émincés, du commerce
2 c. à s. de **vin de marsala** ou de **xérès**
3 c. à s. de **mascarpone**
2 c. à s. d'**estragon** grossièrement ciselé
sel et **poivre**
pain croustillant

Faites fondre le beurre dans une grande poêle. Lorsqu'il fume, ajoutez l'ail et les champignons, et faites-les revenir 5 minutes à feu vif, en remuant de temps en temps, jusqu'à ce que les champignons soient légèrement grillés.

Versez le vin de marsala ou le xérès, et laissez mijoter 2 minutes. Ajoutez le mascarpone, laissez-le fondre en remuant jusqu'à l'obtention d'une sauce, puis incorporez l'estragon. Assaisonnez et servez aussitôt avec du pain croustillant.

Champignons stroganoff Faites cuire 500 g de champignons émincés tout prêts dans 25 g de beurre comme ci-dessus jusqu'à ce qu'ils commencent à griller. Incorporez 1 cuillerée à café de paprika et 1 cuillerée à soupe de cognac, et laissez cuire le tout 1 minute. Ajoutez ensuite 300 ml de crème fraîche, laissez mijoter 2 minutes, puis assaisonnez à votre goût et incorporez 2 cuillerées à soupe de persil ciselé. Servez aussitôt avec du riz précuit.

galette de légumes

Pour **2 personnes**
Préparation **2 minutes**
Cuisson **8 minutes**

125 g de **chou frisé**, coupé en tranches
1 c. à s. d'**huile de tournesol**
1 petit **oignon** haché
1 c. à s. de **moutarde à l'ancienne**
450 g de **purée de légumes variés**, du commerce (par exemple, pomme de terre, carotte et navet)
sel et **poivre**

Faites cuire le chou 3 minutes dans une grande casserole d'eau bouillante légèrement salée. Pendant ce temps, faites chauffer l'huile dans une poêle et faites-y blondir l'oignon pendant 2 minutes.

Mélangez la purée de légumes et la moutarde. Ajoutez le mélange dans la poêle, puis le chou égoutté, assaisonnez et mélangez bien. Faites dorer la galette pendant 3 minutes à feu moyen, retournez-la et poursuivez la cuisson 2 minutes jusqu'à ce qu'elle soit bien chaude. Servez aussitôt.

Purée de pommes de terre aux petits pois Faites cuire 200 g de petits pois surgelés en respectant les instructions de l'emballage, égouttez-les et réduisez-les en purée grossière avec un presse-purée. Incorporez 450 g de purée de pommes de terre toute prête et 2 cuillerées à soupe de menthe ciselée, puis assaisonnez à votre goût. Faites chauffer 1 cuillerée à soupe d'huile dans une poêle. Faites ensuite dorer la purée de pommes de terre aux petits pois pendant 3 minutes de chaque côté. Servez aussitôt.

choy sum à l'ail

Pour **4 personnes**
Préparation **5 minutes**
Cuisson **5 minutes**

2 c. à s. d'**huile d'arachide**
3 gousses d'**ail**, émincées
1 c. à c. de **sel**
500 g de **choy sum** (chou chinois fleuri) paré et coupé en morceaux de 5 cm de long
2 c. à s. de **vin de riz chinois** ou de **xérès sec**
150 ml d'**eau**
1 c. à c. d'**huile de sésame**

Faites chauffer l'huile dans un wok ou une grande poêle à feu vif jusqu'à ce qu'elle commence à frémir. Ajoutez l'ail et le sel, attendez 15 secondes, puis ajoutez le choy sum et faites-le sauter 1 minute.

Versez le vin de riz et l'eau. Poursuivez la cuisson 2 à 3 minutes jusqu'à ce que le choy sum soit tendre et que l'eau soit presque entièrement évaporée.

Arrosez d'huile de sésame et servez aussitôt.

Pak choy aux châtaignes d'eau et à l'ail Suivez la recette ci-dessus en remplaçant le choy sum par 500 g de pak choy, coupé en morceaux de 5 cm de long, et 4 châtaignes d'eau en conserve, émincées.

gratin de chou-fleur et de brocoli

Pour **4 personnes**
Préparation **2 minutes**
Cuisson **7 à 8 minutes**

500 g de **chou-fleur** en petits bouquets
250 g de **brocoli** en petits bouquets
350 g de **sauce aux 4 fromages**
8 **tomates séchées**, égouttées et hachées en petits morceaux
50 g de **gruyère** râpé
sel

Faites cuire le chou-fleur pendant 2 minutes dans une grande casserole d'eau bouillante légèrement salée, ajoutez le brocoli et poursuivez la cuisson 3 minutes jusqu'à ce que les légumes soient al dente. Égouttez-les bien.

Pendant la cuisson, faites chauffer la sauce dans une casserole à feu moyen, en remuant de temps en temps, jusqu'à ce qu'elle commence à frémir. Incorporez les tomates séchées, le chou-fleur et le brocoli, mélangez bien.

Versez le tout dans un plat à gratin, saupoudrez de gruyère râpé et faites gratiner 2 à 3 minutes sous le gril du four chaud.

Broccolini sauté à la sauce d'huître Faites cuire 500 g de broccolini dans une casserole d'eau bouillante salée pendant 3 à 4 minutes. Plongez-le dans l'eau froide, puis égouttez-le bien. Pendant ce temps, dans un bol, délayez 2 cuillerées à café de farine de maïs dans 2 cuillerées à soupe d'eau. Faites chauffer 1 cuillerée à soupe d'huile de tournesol dans un wok ou une grande poêle, puis faites-y sauter 1 cuillerée à café d'ail haché surgelé et le broccolini pendant 1 minute. Ajoutez 4 cuillerées à soupe de sauce d'huître, poursuivez la cuisson 1 minute, puis incorporez la farine de maïs délayée. Quand la sauce commence à épaissir, incorporez ½ cuillerée à café d'huile de sésame. Servez avec du riz précuit.

frittata de pommes de terre aux épinards et à la ricotta

Pour **4 personnes**
Préparation **1 minute**
Cuisson **7 à 9 minutes**

200 g de **petites pommes de terre nouvelles** tranchées
1 c. à s. d'**huile d'olive**
100 g de **pousses d'épinard**
6 **œufs**
2 c. à s. de **ciboulette** ciselée
125 g de **ricotta**
sel et **poivre**

Faites cuire les pommes de terre 2 à 3 minutes dans une casserole d'eau bouillante légèrement salée : elles doivent être al dente. Pendant ce temps, faites chauffer l'huile dans une poêle de 28 cm de diamètre allant au four et faites-y cuire les épinards 1 minute jusqu'à ce qu'ils réduisent.

Dans un bol, battez les œufs en omelette avec la ciboulette, puis assaisonnez. Ajoutez les pommes de terre égouttées et les épinards dans la poêle, puis les œufs battus, et remuez légèrement le tout. Laissez cuire la frittata 3 à 4 minutes à feu moyen jusqu'à ce que les œufs soient presque pris.

Parsemez des petites cuillerées de ricotta sur la frittata et poursuivez la cuisson 2 minutes sous le gril du four chaud : la frittata doit être bien dorée. Coupez-la en parts et dégustez-la aussitôt.

Frittata au maïs et aux poivrons grillés Faites chauffer 1 cuillerée à soupe d'huile d'olive dans une poêle comme ci-dessus, puis faites revenir pendant 1 minute 150 g de poivrons rouges grillés du commerce, hachés en petits morceaux, et 200 g de maïs en boîte. Battez 6 œufs en omelette avec 2 cuillerées à soupe de persil ciselé, salez et poivrez. Versez dans la poêle et poursuivez la cuisson comme ci-dessus, puis saupoudrez 125 g de gruyère râpé et faites dorer sous le gril du four.

club sandwich végétarien

Pour **1 personne**
Préparation **7 minutes**
Cuisson **2 à 3 minutes**

3 tranches de **pain de mie aux graines**
1 **carotte** râpée
2 c. à s. de **mayonnaise**
2 c. à s. d'**houmous**
1 **tomate** coupée en grosses rondelles
1 grosse poignée de **roquette**
poivre noir du moulin

Faites rapidement griller le pain au grille-pain ou sous le gril du four préchauffé à puissance maximale. Pendant ce temps, mélangez la carotte râpée et la mayonnaise, puis poivrez.

Tartinez 1 tranche de pain d'houmous, puis ajoutez la moitié des tranches de tomate et de la roquette.

Ajoutez une deuxième tranche de pain sur le tout, puis la carotte râpée à la mayonnaise, le reste de tomate et de la roquette. Posez ensuite la dernière tranche de pain. Pressez légèrement le sandwich, coupez-le en deux ou en quatre, et plantez des piques à cocktail dedans pour maintenir les tranches de pain ensemble. Servez aussitôt.

Club sandwich au fromage, à l'avocat et au cresson
Faites rapidement griller 3 tranches de pain de mie aux graines. Tartinez 2 tranches de pain de 1 cuillerée à soupe de mayonnaise puis ajoutez sur chacune 1 tranche de fromage, quelques feuilles de cresson et ¼ d'avocat coupé en petits dés. Placez une tranche de pain sur l'autre, puis couvrez le sandwich de la dernière tranche et servez comme ci-dessus.

salade de haricots à l'oignon

Pour **4 personnes**
Préparation **10 minutes**

800 g de **haricots blancs** (haricots de Lima, par exemple) en conserve, rincés et égouttés
25 g de **jambon serrano** haché en petits morceaux
4 **tomates** bien mûres, coupées en tranches
1 **oignon espagnol** émincé

Sauce
20 g de **persil plat** ciselé
20 g de **menthe** ciselée
le **zeste** finement râpé et le **jus** de 2 **citrons**
2 c. à c. d'**ail** haché, surgelé
1 c. à s. d'**huile d'olive**
2 c. à c. de **vinaigre de cidre**
sel et **poivre**

Mélangez les haricots, les petits morceaux de jambon, les tomates et l'oignon dans un saladier.

Fouettez tous les ingrédients de la sauce. Salez, poivrez. Arrosez la salade de sauce.

Salade de thon aux pois chiches Préparez la recette ci-dessus en remplaçant les haricots et le jambon par 750 g de pois chiches et 175 g de thon en conserve. Égouttez les pois chiches et le thon, mélangez-les dans un saladier, puis ajoutez les tomates et l'oignon et dressez la salade dans 4 assiettes creuses. Préparez une sauce comme ci-dessus et versez-la sur la salade.

tofu aux haricots noirs et aux noix de cajou

Pour **2 personnes**
Préparation **2 minutes**
Cuisson **8 minutes**

1 c. à s. d'**huile de tournesol**
150 g de **tofu ferme**, coupé en dés de 1,5 cm de côté
1 c. à c. de **gingembre** haché, surgelé
300 g de **mélange de légumes pour wok** (avec des poivrons)
50 g de **noix de cajou** crues
2 c. à s. de **sauce d'huître**
3 c. à s. de **sauce aux haricots noirs**
nouilles précuites en accompagnement

Faites chauffer l'huile dans un wok ou une grande poêle jusqu'à ce qu'elle commence à fumer et faites griller le tofu pendant 2 minutes à feu élevé. Retirez-le de la poêle et gardez-le au chaud.

Faites sauter le gingembre, les légumes et les noix de cajou dans la poêle 5 minutes, ou selon les instructions du paquet de légumes : les légumes doivent être tendres et les noix de cajou légèrement grillées.

Ajoutez la sauce d'huître, la sauce aux haricots noirs et les dés de tofu. Poursuivez la cuisson 1 minute puis servez aussitôt avec des nouilles.

Tofu grillé aux pois sugar snap, au gingembre et au piment Dans un bol, mélangez 250 g de tofu coupé en dés et 1 cuillerée à soupe de farine de riz. Faites chauffer 1 cuillerée à soupe d'huile de tournesol dans un wok ou une poêle, puis faites griller le tofu pendant 3 à 4 minutes, en le retournant de temps en temps, et retirez-le de la poêle. Ajoutez un peu d'huile supplémentaire dans la poêle, puis 1 cuillerée à soupe de gingembre haché en conserve et 125 g de pois sugar snap, et faites sauter pendant 2 à 3 minutes. Mélangez 2 cuillerées à soupe de mirin, 2 cuillerées à soupe de sauce pimentée sucrée et 1 cuillerée à café d'huile de sésame, et versez la sauce obtenue dans la poêle. Retirez du feu et incorporez le tofu. Servez aussitôt avec des nouilles.

mini légumes au pesto

Pour **4 personnes**
Préparation **2 minutes**
Cuisson **8 minutes**

200 g de **mini courgettes** coupées en deux dans le sens de la longueur
125 g de **mini poireaux** coupés en deux dans le sens de la longueur
150 g de **mini carottes** coupées en deux dans le sens de la longueur
100 g de **pointes d'asperges** parées
2 c. à s. d'**huile d'olive**
2 c. à s. de **jus de citron**
4 c. à s. de **pesto** frais, du commerce
sel et **poivre**
focaccia

Mettez tous les légumes dans un saladier, arrosez-les d'huile, assaisonnez-les et mélangez-les délicatement.

Faites chauffer une grande poêle-gril à feu vif et faites griller la moitié des légumes pendant environ 2 minutes de chaque côté. Retirez les légumes de la poêle, gardez-les au chaud et préparez le reste des légumes de la même façon.

Répartissez les légumes dans 4 assiettes, arrosez-les de jus de citron et garnissez-les de pesto. Servez aussitôt avec de la focaccia.

Potage de petits pois au pesto Versez 750 ml de bouillon de légumes bouillant dans une grande casserole. Ajoutez 450 g de petits pois surgelés et laissez mijoter 5 minutes jusqu'à ce que les petits pois soient tendres. Mixez la soupe jusqu'à l'obtention d'un potage homogène. Si vous avez utilisé un robot, remettez la soupe dans la casserole. Incorporez 2 cuillerées à soupe de crème fraîche et 2 cuillerées à soupe de pesto frais du commerce. Laissez le potage sur le feu jusqu'à ce qu'il soit bien chaud puis assaisonnez-le. Servez avec du pain croustillant.

couscous aux légumes à la marocaine

Pour **4 personnes**
Préparation **5 minutes**
Cuisson **5 minutes**

1 c. à s. de **harissa** + un peu de harissa supplémentaire
le **zeste** finement râpé et le **jus** de 1 **citron**
200 g de **couscous**
300 ml d'**eau bouillante**
1 c. à s. d'**huile d'olive**
500 g d'**assortiment de légumes à couscous** ou de **légumes méditerranéens grillés**, surgelés (aubergine, courgette, poivron et oignon, par exemple)
2 **citrons confits**, rincés
400 g de **pois chiches** en conserve, rincés et égouttés
1 petite poignée de **coriandre** grossièrement ciselée
sel et **poivre**
yaourt nature

Mettez la harissa avec le zeste et le jus de citron dans un saladier résistant à la chaleur, ajoutez le couscous et l'eau bouillante, mélangez, couvrez et laissez gonfler 5 minutes. Assaisonnez puis égrainez les grains de couscous avec une fourchette.

Pendant que le couscous gonfle, faites chauffer l'huile dans une poêle et faites-y revenir les légumes 3 à 4 minutes à feu moyen. Coupez les citrons confits en quatre, retirez la chair et jetez-la, puis hachez la peau en petits morceaux.

Incorporez les légumes, les citrons confits, les pois chiches et la coriandre au couscous. Assaisonnez. Servez le couscous chaud avec 1 cuillerée de yaourt et un peu de harissa.

Couscous de légumes au curry Mettez 2 cuillerées à café de pâte de curry doux et 4 cuillerées à soupe de jus d'orange dans un saladier. Ajoutez le couscous et 50 g de canneberges séchées, puis mélangez bien. Versez l'eau bouillante et laissez gonfler comme ci-dessus. Faites griller des légumes comme ci-dessus. Incorporez ensuite les légumes grillés, les pois chiches et la coriandre au couscous. Servez avec une cuillerée de chutney à la mangue.

gratin de poireaux aux haricots de Lima

Pour **4 personnes**
Préparation **2 minutes**
Cuisson **7 à 8 minutes**

15 g de **beurre**
2 **poireaux** coupés en tronçons de 2,5 cm
800 g de **haricots de Lima** en conserve, égouttés et rincés
175 g de **fromage à tartiner** allégé à l'ail et aux fines herbes
2 c. à s. de **lait**
4 c. à s. de **chapelure**
2 c. à s. de **parmesan** fraîchement râpé
sel et **poivre**

Faites fondre le beurre dans une casserole de taille moyenne et faites revenir les poireaux pendant 3 à 4 minutes jusqu'à ce qu'ils aient ramolli. Ajoutez les haricots de Lima, le fromage à tartiner et le lait, laissez le tout sur le feu 2 minutes supplémentaires jusqu'à ce que les haricots soient bien chauds et que la sauce bouillonne. Assaisonnez à votre convenance.

Pendant que les ingrédients chauffent, mélangez la chapelure et le parmesan.

Versez la préparation aux poireaux dans un plat à gratin chaud, saupoudrez de chapelure au parmesan et faites gratiner 2 minutes sous le gril du four chaud. Servez aussitôt.

Mini poireaux fromagers Faites chauffer 1 cuillerée à soupe d'huile d'olive dans une poêle, ajoutez 16 mini poireaux parés du commerce, assaisonnez-les et faites-les revenir pendant 4 minutes jusqu'à ce qu'ils commencent à dorer. Ajoutez 200 ml de crème fraîche épaisse et, en remuant, prolongez la cuisson jusqu'à ce que la sauce bouillonne. Versez la préparation dans un plat à gratin chaud et saupoudrez-la de 75 g de gruyère râpé. Faites gratiner 3 à 4 minutes sous le gril du four chaud. Servez avec du pain grillé.

champignons farcis à la ricotta

Pour **2 personnes**
Préparation **1 minute**
Cuisson **8 à 9 minutes**

4 gros **champignons** (champignons de Paris bruns ou portobello)
2 c. à s. d'**huile d'olive à l'ail**
sel et **poivre**
roquette

Farce
200 g de **ricotta**
12 grosses feuilles de **basilic** grossièrement ciselées
le **zeste** de 1 **citron** finement râpé
25 g de **parmesan** râpé
25 g de **pignons de pin**

Débarrassez les champignons de leurs pieds et badigeonnez-les d'huile. Assaisonnez-les, rangez-les sur une plaque de cuisson, côté peau vers le haut, et faites-les griller 5 minutes sous le gril du four chaud.

Pendant ce temps, mélangez les ingrédients de la farce dans un bol. Salez et poivrez. Retournez les champignons et farcissez-les en tassant bien la préparation.

Poursuivez la cuisson, côté farce, pendant 3 à 4 minutes : le dessus doit être légèrement grillé et les champignons tendres. Servez aussitôt avec une salade de roquette.

Frittata aux champignons et à la ricotta Faites chauffer 1 cuillerée à soupe d'huile d'olive dans une poêle de 20 cm de diamètre allant au four, ajoutez 125 g de champignons émincés tout prêts et 1 cuillerée à café d'ail haché, et faites cuire le tout pendant 3 à 4 minutes. Pendant ce temps, battez 4 œufs en omelette avec 1 cuillerée à soupe de persil ciselé, salez et poivrez. Versez les œufs battus dans la poêle, mélangez légèrement et laissez cuire 3 à 4 minutes à feu moyen jusqu'à ce que les œufs soient presque pris. Ajoutez 50 g de ricotta et 25 g de parmesan râpé, puis faites griller la frittata pendant 3 minutes sous le gril du four chaud : elle doit être ferme et dorée. Servez avec une salade de cresson.

desserts

pain perdu vanillé

Pour **4 personnes**
Préparation **5 minutes**
Cuisson **4 minutes**

2 **œufs** battus
1 c. à c. d'**extrait de vanille**
100 ml de **lait**
1 c. à s. **de sucre en poudre** + un peu de sucre supplémentaire pour décorer
½ c. à c. de **cannelle en poudre**
4 grosses tranches de **pain**
25 g de **beurre**

Fouettez les œufs avec l'extrait de vanille, le lait, le sucre et la cannelle dans une assiette creuse. Plongez les tranches de pain dans la préparation et retournez-les : le pain doit être bien imbibé.

Faites chauffer le beurre dans une poêle. Avec une spatule, déposez les tranches de pain dans la poêle chaude et faites-les dorer 2 minutes de chaque côté.

Coupez les tranches de pain en deux, en diagonale, saupoudrez-les d'un peu de sucre et servez-les aussitôt.

Sauce pomme framboise, à servir avec le pain perdu Faites fondre 25 g de beurre dans une poêle et faites-y revenir 6 pommes épluchées, coupées en tranches, pendant 2 à 3 minutes. Saupoudrez 1 cuillerée à soupe de sucre roux et ½ cuillerée à café de cannelle en poudre, ajoutez 125 g de framboises, et poursuivez la cuisson 1 à 2 minutes sur feu doux. Versez la sauce sur le pain perdu puis saupoudrez d'un peu de sucre supplémentaire.

brownies caramel au beurre salé

Pour **4 personnes**
Préparation **3 minutes**
Cuisson **7 minutes**

4 **brownies** du commerce
4 boules de **glace à la vanille**

Sauce caramel au beurre salé
100 g de **beurre**
75 g de **sucre roux**
75 ml de **golden syrup**
1 c. à c. d'**extrait de vanille**
150 ml de **crème fraîche** épaisse
½ c. à c. de **gros sel**

Pour préparer la sauce, mélangez le beurre, le sucre, le golden syrup et la vanille dans une casserole, puis portez à ébullition, à feu moyen, en remuant constamment.

Ajoutez la crème fraîche et le sel puis, en remuant de temps en temps, laissez bouillonner 5 minutes jusqu'à épaississement. Retirez la sauce caramel du feu et versez-la dans un petit bol.

Dressez les brownies dans 4 coupelles, ajoutez 1 boule de glace à la vanille, arrosez de sauce caramel au beurre salé et servez aussitôt.

Sundaes à la banane et au caramel salé Préparez une sauce au caramel salé comme ci-dessus. Pendant ce temps, coupez 2 muffins au chocolat en morceaux et tranchez 4 bananes en rondelles. Dressez la moitié des muffins et des bananes dans 4 coupes à glace, ajoutez 1 boule de glace à la vanille et arrosez de la moitié de la sauce. Répétez l'opération avec le reste des ingrédients. Servez aussitôt.

yaourt givré à la myrtille

Pour **4 à 6 personnes**
Préparation **8 minutes**

400 g de **myrtilles** surgelées
2 c. à s. de **sucre glace**
1 c. à s. de **jus de citron**
500 ml de **yaourt nature**
4 **biscuits au citron**

Mixez légèrement les myrtilles, le sucre glace et le jus de citron. Ajoutez le yaourt et continuez à mixez jusqu'à l'obtention d'une préparation relativement onctueuse.

Dressez dans 4 coupes à glace et servez avec des biscuits au citron.

Yaourt givré vanille framboise Mixez légèrement 400 g de framboises surgelées et 2 cuillerées à soupe de sucre glace. Ajoutez 500 ml de yaourt à la vanille et continuez à mixez jusqu'à l'obtention d'une préparation suffisamment onctueuse. Servez aussitôt.

pêches flambées au calvados

Pour **2 personnes**
Préparation **2 minutes**
Cuisson **8 minutes**

2 **pêches**, dénoyautées et coupées en petits quartiers
50 g de **sucre en poudre**
25 g de **beurre**
2 c. à s. de **calvados**

Accompagnement
crème fraîche
cannelle moulue

Mélangez les pêches et le sucre dans un bol. Faites fondre le beurre à feu doux dans une poêle, ajoutez les pêches et, en les remuant de temps en temps, laissez-les cuire doucement pendant 5 minutes jusqu'à ce qu'elles ramollissent.

Augmentez le feu et poursuivez la cuisson 2 minutes à feu vif jusqu'à ce que les pêches commencent à caraméliser. Ajoutez le calvados et faites flamber les pêches en tournant précautionneusement la poêle jusqu'à ce que les flammes s'éteignent.

Dressez les pommes dans 2 assiettes à dessert et arrosez-les du jus de cuisson. Décorez chaque portion de 1 cuillerée à soupe de crème fraîche et 1 pincée de cannelle, puis servez aussitôt.

Pain perdu pomme cannelle Battez 1 œuf avec 3 cuillerées à soupe de lait, 1 cuillerée à soupe de sucre en poudre et ½ cuillerée à café de cannelle en poudre. Trempez 2 tranches de brioche dans la préparation, en les imbibant bien des deux côtés. Faites fondre 15 g de beurre dans une poêle et faites dorer les tranches de brioche pendant 2 à 3 minutes de chaque côté. Pendant ce temps, faites chauffer doucement 175 g de compote de pommes dans une petite casserole. Servez les tranches de brioche garnies de compote de pommes chaude et de boules de glace à la vanille.

banoffee pies au chocolat

Pour **4 personnes**
Préparation **5 minutes**

6 **biscuits enrobés de chocolat** cassés en grosses miettes
400 g de **caramel liquide**
2 **bananes** coupées en rondelles
150 ml de **crème fraîche** épaisse
50 g de **chocolat noir à croquer** râpé ou en copeaux

Répartissez dans 4 verrines les miettes de biscuits, puis le caramel et les rondelles de banane.

Ajoutez 1 cuillerée à soupe de crème fraîche sur chaque portion et décorez de chocolat. Servez aussitôt.

Sundaes au chocolate fudge Déposez 2 boules de glace à la vanille dans 4 verrines. Pour préparer le chocolate fudge, faites fondre 100 g de chocolat au lait dans un bol résistant à la chaleur posé sur une casserole d'eau frémissante et incorporez 200 g de caramel liquide. Déposez un peu de chocolate fudge sur la crème glacée. Décorez le tout avec 1 poignée de noisettes grillées concassées et les rondelles de 1 banane. Servez aussitôt.

mascarpone glacé à la framboise

Pour **4 personnes**
Préparation **8 minutes**

400 g de **framboises** surgelées
1 c. à s. de **liqueur de framboise** ou de **jus de citron**
200 g de **mascarpone**
2 c. à s. de **sucre glace**
gaufrettes

Mixez grossièrement les framboises et la liqueur de framboise : il doit rester des morceaux.

Ajoutez le mascarpone et le sucre glace, puis mixez jusqu'à l'obtention d'un mélange onctueux. Servez aussitôt avec des gaufrettes.

Whoopies à la glace à la framboise Préparez du mascarpone glacé à la framboise comme ci-dessus. Déposez 1 boule de mascarpone glacé sur 4 cookies aux pépites de chocolat puis ajoutez un autre cookie pour former des sandwichs. Roulez les bords dans 50 g de pistaches concassées et servez aussitôt.

café très gourmand

Pour **6 personnes**
Préparation **10 minutes**

4 c. à c. de **préparation instantanée pour expresso**
2 c. à s. d'**eau bouillante**
250 g de **mascarpone**
3 c. à s. de **sucre glace**
250 ml de **crème liquide**
cacao en poudre
6 **grains de café en chocolat**
cantuccis ou **amarettis**

Versez le café lyophilisé et l'eau bouillante dans un bol résistant à la chaleur, mélangez jusqu'à dissolution puis laissez refroidir quelques instants.

Mettez le mascarpone et le sucre glace dans un bol, puis ajoutez le café. Avec un batteur électrique, battez la préparation jusqu'à l'obtention d'un mélange onctueux.

Fouettez la crème liquide jusqu'à ce qu'elle forme des pics, puis incorporez délicatement deux tiers de la crème fouettée dans la crème au café. Répartissez la préparation dans 6 tasses à expresso ou 6 verrines, puis ajoutez sur le dessus le reste de crème fouettée.

Décorez chaque portion de cacao en poudre et d'un grain de café. Servez aussitôt avec des biscuits.

Meringues au cappuccino Préparez la crème au café comme ci-dessus et garnissez-en 4 nids de meringue du commerce. Ajoutez le reste de crème, arrosez d'un peu de chocolat noir fondu, puis servez.

sucettes à la banane et au chocolat

Pour **6 personnes**
Préparation **7 minutes**
Cuisson **3 minutes**

125 g de **chocolat noir à croquer** cassé en petits morceaux
2 **bananes**
vermicelles ou **petites perles de sucre**

Chemisez une plaque de cuisson de papier sulfurisé et mettez-la au congélateur.

Faites fondre le chocolat dans un bol résistant à la chaleur posé sur une casserole d'eau frémissante puis laissez-le refroidir quelques instants.

Coupez chaque banane en trois et enfilez chaque morceau sur un bâtonnet à esquimeau. Trempez-les un par un dans le chocolat fondu de sorte à les en enrober uniformément (aidez-vous d'une cuillère si nécessaire). Tapotez ensuite les sucettes pour faire retomber l'excédent de chocolat.

Saupoudrez les sucettes de vermicelles ou de petites perles de sucre, rangez-les sur la plaque de cuisson puis laissez-les refroidir 3 à 4 minutes au congélateur.

Gaufres à la banane et au chocolat Faites légèrement griller 6 gaufres puis dressez-les dans 6 grosses coupes à dessert. Coupez 6 bananes en tranches et disposez-les sur les gaufres. Arrosez le tout de 300 ml de sauce au chocolat chaude du commerce puis décorez avec 25 g de noisettes concassées. Servez aussitôt avec de la glace à la vanille.

trifle aux fruits rouges et à la crème de cerises

Pour **4 personnes**
Préparation **10 minutes**

400 g d'**assortiment de fruits rouges** (fraises, groseilles, framboises, etc.) + un peu pour décorer
3 c. à s. de **crème de cerises**
1 c. à s. de **sirop d'érable**
2 gros **muffins à la myrtille** coupés en tranches
150 ml de **crème fraîche** épaisse

Mettez les fruits, la crème de cerises et le sirop d'érable dans un saladier puis mélangez le tout en écrasant les fruits avec une fourchette.

Disposez les tranches de muffins dans le fond d'un grand saladier en verre puis ajoutez les fruits.

Fouettez la crème au batteur électrique jusqu'à ce qu'elle forme des pics, répartissez-la sur les fruits, décorez le tout de quelques fruits rouges supplémentaires et servez aussitôt.

Trifle forêt-noire Coupez 1 gâteau roulé au chocolat en tranches et tapissez-en le fond d'un saladier en verre. Mélangez 400 g de cerises noires dénoyautées, 3 cuillerées à soupe de cherry et 1 cuillerée à soupe de sirop d'érable, puis ajoutez la préparation obtenue dans le saladier. Fouettez la crème, comme ci-dessus, en ajoutant les graines de 1 gousse de vanille, et répartissez-la sur les cerises. Décorez le trifle d'un peu de chocolat noir à croquer râpé.

cheesecakes au chocolat et au wasabi

Pour **4 personnes**
Préparation **6 minutes**
Cuisson **3 minutes**

125 g de **chocolat blanc** cassé en petits morceaux + un peu pour décorer
4 **biscuits enrobés de chocolat**, émiettés
150 g de **fromage frais**
125 ml de **crème fraîche** épaisse
1 à 2 c. à c. de **wasabi**

Faites fondre le chocolat dans un bol résistant à la chaleur posé sur une casserole d'eau frémissante, puis laissez-le refroidir quelques instants. Répartissez les miettes de biscuits au chocolat dans le fond de 4 coupes à dessert.

Fouettez le fromage frais et la crème avec un batteur électrique pendant 2 minutes environ jusqu'à ce que le batteur laisse une trace dans la masse, puis incorporez le chocolat fondu et un peu de wasabi à votre convenance.

Ajoutez la préparation dans les coupes et décorez de chocolat râpé. Servez aussitôt ou mettez au réfrigérateur jusqu'au moment de servir.

Fruits des bois au chocolat blanc et à la menthe
Mettez 150 g de chocolat blanc cassé en petits morceaux, 125 ml de crème fraîche épaisse et 1 cuillerée à café d'extrait de menthe poivrée dans une petite casserole. En remuant bien, faites chauffer à feu doux jusqu'à ce que le chocolat soit fondu. Répartissez 450 g de fruits des bois surgelés dans 4 coupes, arrosez-les de sauce au chocolat chaude et servez aussitôt.

coupes à l'orange et à la crème de gingembre

Pour **4 personnes**
Préparation **10 minutes**

1 petite **orange**
250 ml de **crème fraîche** épaisse
1 morceau de **gingembre** haché + 1 c. à s. de **sirop de gingembre**
4 petites **coupes en biscuit**

Râpez finement le zeste de ½ orange, réservez, puis retirez l'écorce et la peau blanche externe de l'orange. Au-dessus d'un bol, coupez l'orange en quartiers (suprêmes) en retirant la peau blanche. Récupérez le jus.

Fouettez la crème et le zeste d'orange avec un batteur électrique jusqu'à ce que des pics se forment, ajoutez 2 cuillerées à soupe de jus d'orange et le sirop de gingembre, puis le gingembre haché.

Répartissez la crème dans 4 coupes en biscuit, ajoutez les suprêmes d'orange et servez aussitôt.

Salade d'orange au gingembre Coupez le dessus et le dessous de 4 oranges, puis retirez l'écorce et la peau blanche. Coupez chaque orange en 6 tranches et réservez le jus. Hachez finement 2 morceaux de gingembre. Mettez le jus d'orange réservé, le gingembre et 2 cuillerées à soupe de sirop de gingembre dans un bol. Mélangez bien. Disposez les tranches d'orange sur une grande assiette de service, arrosez-les de sirop au jus d'orange et décorez-les de quelques feuilles de menthe.

tarte au chocolat, à la menthe et au mascarpone

Pour **6 à 8 personnes**
Préparation **6 minutes**
Cuisson **3 minutes**

200 g de **chocolat noir à la menthe** cassé en petits morceaux
150 g de **mascarpone**
100 ml de **crème fraîche** épaisse
1 **fond de tarte sucré** de 20 cm de diamètre

Décoration
crème fraîche
cacao en poudre
feuilles de **menthe**

Faites fondre le chocolat dans un bol résistant à la chaleur posé sur une casserole d'eau frémissante et laissez-le refroidir quelques instants.

Fouettez le mascarpone et la crème fraîche avec un batteur électrique jusqu'à l'obtention d'une préparation épaisse et onctueuse. Incorporez le chocolat fondu, en mélangeant bien. Versez ensuite la préparation dans le fond de tarte.

Servez les parts de tarte décorées de crème fraîche, de cacao et de feuilles de menthe.

Fondue au chocolat et au piment Mettez 200 g de chocolat noir parfumé au piment, cassé en petits morceaux, 300 ml de crème fraîche épaisse et 25 g de beurre doux dans un bol résistant à la chaleur. En remuant de temps en temps, faites chauffer délicatement le tout pendant 5 à 7 minutes jusqu'à l'obtention d'une préparation onctueuse. Versez la fondue dans un caquelon ou un saladier chaud et servez-la aussitôt avec des chamallows et un assortiment de fruits (bananes, fraises, etc.).

meringues à la framboise et à l'eau de rose

Pour **4 personnes**
Préparation **10 minutes**

75 g de **framboises**
1 c. à s. de **sucre glace**
100 ml de **crème fraîche** épaisse
1 c. à c. d'**eau de rose**
16 **mini meringues**, du commerce
4 c. à s. de **coulis de framboises**

Mélangez les framboises et le sucre glace dans un bol en écrasant légèrement les framboises avec une fourchette.

Fouettez la crème fraîche et l'eau de rose au batteur électrique jusqu'à ce que des pics se forment, puis incorporez délicatement les framboises.

Étalez un peu de crème à la framboise sur le côté plat d'une meringue et formez un sandwich en ajoutant une seconde meringue. Répétez l'opération avec le reste de meringues et de crème. Servez les meringues avec du coulis de framboises.

Méli-mélo de framboises à la meringue Écrasez légèrement 4 meringues de taille moyenne. Fouettez 150 ml de crème fraîche épaisse au batteur électrique jusqu'à ce que des pics se forment. Incorporez 150 ml de yaourt à la grecque à 0 %, 125 g de framboises, 3 cuillerées à soupe de coulis de framboises et les meringues écrasées. Dressez la préparation dans 4 coupes et décorez les coupes de quelques framboises.

pancakes grillés à la mûre

Pour **2 personnes**
Préparation **2 minutes**
Cuisson **8 minutes**

150 g de **mûres**
1 c. à s. de **jus de citron**
3 c. à s. de **sucre en poudre**
6 petits **pancakes**, du commerce
sirop d'érable

Mélangez les mûres, le jus de citron et le sucre dans une petite casserole. Laissez cuire 4 à 5 minutes à feu moyen, en remuant de temps en temps, jusqu'à ce que les mûres aient ramolli, puis laissez-les refroidir quelques instants.

Pendant ce temps, faites chauffer une poêle-gril et faites griller les pancakes 1 minute de chaque côté. Ils doivent être bien chauds.

Dressez les pancakes sur 2 assiettes de service et garnissez-les de compote à la mûre. Arrosez d'un peu de sirop d'érable et servez aussitôt.

Pancakes grillés au mascarpone citronné
Mélangez 125 g de mascarpone et 2 cuillerées à soupe de crème au citron (lemon curd). Faites griller les pancakes comme ci-dessus et servez-les chauds avec 1 cuillerée de mascarpone au citron et 1 poignée de framboises fraîches.

sabayon au citron vert, façon caïpirinha

Pour **4 personnes**
Préparation **10 minutes**

50 g de **sucre en poudre**
le **zeste** finement râpé et le **jus** de 2 **citrons verts**
200 ml de **crème fraîche** épaisse
4 c. à s. de **cachaça** ou de **rhum blanc**
petites lanières de **zeste de citron vert**
biscuits

Mélangez le sucre avec le zeste et le jus des citrons verts dans un bol jusqu'à dissolution.

Fouettez la crème fraîche au batteur électrique jusqu'à ce qu'elle forme des pics. Incorporez lentement la cachaça, puis la préparation au citron vert. Continuez de fouetter jusqu'à l'obtention d'une crème épaisse et aérée, puis garnissez 4 verres à cocktail de cette crème. Décorez les verres avec des petites lanières de zeste de citron vert et servez avec des biscuits.

Sabayon au limoncello Mettez 4 jaunes d'œufs et 50 g de sucre en poudre dans un saladier résistant à la chaleur et, à l'aide d'un batteur électrique, fouettez les ingrédients pendant 2 minutes jusqu'à l'obtention d'une crème claire et épaisse. Sans cesser de fouetter, incorporez progressivement 4 cuillerées à soupe de limoncello, une cuillerée à la fois. Posez le saladier sur une casserole d'eau frémissante et fouettez la préparation pendant 5 à 7 minutes jusqu'à ce qu'elle épaississe et que le batteur laisse une trace dans la masse. Versez dans 4 verres et servez aussitôt avec des amarettis.

yaourt à la mangue et aux fruits de la Passion

Pour **4 personnes**
Préparation **10 minutes**

1 grosse **mangue** pelée, dénoyautée et coupée en dés
750 ml de **yaourt nature**
1 à 2 c. à s. de **sirop d'agave**
1 **gousse de vanille** coupée en deux dans le sens de la longueur
4 **fruits de la Passion** coupés en deux
biscuits

Mixez la mangue jusqu'à l'obtention d'une purée. Mettez le yaourt dans un saladier et ajoutez du sirop d'agave à votre convenance. Grattez les graines de la gousse de vanille, ajoutez-les au yaourt et mélangez bien le tout.

Mélangez la purée de mangue et le yaourt, puis répartissez la préparation dans 4 verrines. Avec une cuillère, faites tomber les graines de fruits de la Passion sur le yaourt à la mangue. Servez aussitôt avec des biscuits.

Yaourt au cassis et à l'amande Réduisez en purée 250 g de cassis comme ci-dessus, incorporez-le au yaourt, puis ajoutez 1 cuillerée à café d'essence d'amande et du sirop d'agave à votre convenance. Dressez dans des verrines, décorez d'amandes grillées et servez avec des biscuits.

index

épinard

feta

Découvrez toute la collection :

entre amis

200 recettes autour du **barbecue**

À chacun sa petite **cocotte**

Apéro

Brunchs et petits dîners pour **toi & moi**

Cocktails glamour & chic

Cupcakes colorés à croquer

Macarons et tout petits gâteaux

Verrines

cuisine du monde

200 recettes comme à **New York**

200 bons petits plats **italiens**

Pastillas, couscous, **tajines**

Petits plats **asiatiques**

Spécial thaï

Wok le tour du monde des recettes

Sushis & Cie

tous les jours

200 recettes pour **étudiants**

200 recettes familiales **vite prêtes**

À table en moins de **20 minutes**

Chocolat

Cuisine du marché à moins de **5 euros**

Desserts trop bons

Pasta

Petits goûters avec les **marques cultes**

Cakes & Cie

Recettes pour **bébé**

Spécial **Débutants**

Tartes mini ou family

200 recettes prêtes en **10 minutes**

Tout petits gâteaux & pâtisseries

La petite cuisine du **placard**

bien-être

21 menus minceur pour **perdre du poids**

200 recettes **équilibrées** pour toute la famille

Quinoa, boulgour lentilles & Cie

Papillotes, la cuisine vapeur qui a du goût

Pâtisseries & desserts **à la stévia**

Petite bible de la cuisine **sans gluten**

Poissons & crustacés faciles

Recettes **vapeur**

Salades

Smoothies et petits jus frais & sains

Soupes pour tous les goûts

Végétarien débutant

SIMPLE
PRATIQUE
BON

POUR CHAQUE RECETTE, UNE VARIANTE EST PROPOSÉE.

MARABOUT CÔTÉ CUISINE